Business English

... leicht gemacht

Patricia McBride

compact

Bisher sind in dieser Reihe erschienen:

- Business English
- Deutsch Grammatik
- Deutsch Rechtschreibung
- Englisch Grammatik
- Englisch Grundwortschatz
- Englisch Aufbauwortschatz
- English Conversation
- Französisch Grammatik
- Italienisch Grammatik
- Latein Grammatik
- Russisch Grammatik
- Spanisch Grammatik
- Chemie Anorganisch
- Mathematik Formeln & Regeln
- Physik Formeln & Gesetze

Baierbrunner Straße 27, 81379 München
Ausgabe 2014

Text: Patricia McBride
Chefredaktion: Dr. Matthias Feldbaum
Übungen und Redaktion: Helga Aichele
Fachkorrektur: Fiona Cain
Produktion: Ute Hausleiter
Titelabbildung: istockphoto.com, fazon1; fotolia.com, K.C.
Gestaltung: Axel Ganguin
Umschlaggestaltung: Hartmut Baier

ISBN 978-3-8174-9505-4
381749505/1

www.compactverlag.de

VORWORT

Business English – leicht gemacht richtet sich an alle, die ihre Englischkenntnisse für den Beruf schnell erweitern oder wieder auffrischen wollen. Die Kombination aus Nachschlagewerk und Übungsbuch hilft dabei, immer die richtigen Worte zu finden und das neue Wissen sofort umzusetzen.

Ob Besprechungen und Konferenzen, Korrespondenz und Telefonieren oder Rechnungswesen: In 13 thematisch gegliederten Kapiteln finden Sie den wichtigsten Wortschatz und interessante Redewendungen aus allen Bereichen des Business English. Ausspracheangaben, zahlreiche Beispielsätze sowie Infokästen zu sprachlichen Besonderheiten geben Aufschluss über die korrekte Verwendung der Vokabeln.

Abwechslungsreiche Übungen helfen bei der Überprüfung des Gelernten und intensivieren so den Lernerfolg. Ein ausführlicher Lösungsteil am Ende des Buches gewährleistet eine selbstständige Erfolgskontrolle. Dort erfahren Sie auch, von welchen „falschen Freunden" Sie sich im Englischen nicht täuschen lassen dürfen, und finden übersichtliche Darstellungen zu Maßen und Gewichten, dem Unternehmensaufbau und Rechtsformen.

Die nutzerorientierte Gliederung und die übersichtliche Gestaltung machen *Business English – leicht gemacht* zu einem zuverlässigen und praktischen Lern- und Übungswortschatz und einem unverzichtbaren Begleiter.

Viel Erfolg!

Autoren und Redaktion

Abkürzungsverzeichnis

AE	American English
BE	British English
fam	umgangssprachlich
fig	bildlich
jdm./jdn.	jemandem/jemanden
jmd.	jemand
pl	Plural
s.b./s.o.	somebody/someone
sth.	something

LAUTSCHRIFT

Konsonanten

Baum	b	big	Rand	r	road
denn	d	day	nass, besser	s	sun, cellar
fünf, vier	f	fish, photo	Schule, Sturm	ʃ	shot
gut	g	get	Tisch, Sand	t	tap
Hemd	h	hat		θ	think
ja, Million	j	yes		ð	that
Kind	k	keep, cat	Weg	v	vote
Lob	l	life		w	wish
mir	m	me	sein	z	zoo, is
nein	n	no, knit	Genie	ʒ	pleasure
links, lang	ŋ	hang	jam, edge	dʒ	Dschungel
Post, ab	p	pass	chair	tʃ	Matsch

Vokale

	ʌ	run, shove
	ɑː	jar, heart
	æ	back
egal	e	yes
gefallen	ə	above
	ɜː	turn, whirl
ist	ɪ	if
Liebe	iː	be, meet
	ɒ	dog
	ɔː	short, warm
	ʊ	put, hood, would
	u	annual
Zug	uː	blue, mood

Doppellaute

heiß	aɪ	by buy, lie
	aʊ	round, now
	eɪ	late, day
	eə	chair, stare
	əʊ	mow, go
	ɪə	near, here
	ɔɪ	joy, boil
	ʊə	sure, pure

Nasale (nur bei Fremdwörtern)

Orange	ɑ̃	fiancée
Saison	ɔ̃	bouillon

Aussprache

Angegeben ist die britische Aussprache in internationaler Lautschrift.
Das Betonungszeichen (ˈ) steht jeweils vor der Silbe, die betont wird.

INHALTSVERZEICHNIS

1. Unternehmensform

company [ˈkʌmpənɪ]	Firma, Unternehmen, Gesellschaft
company car [ˈkʌmpənɪ kɑː]	Firmenwagen
firm [fɜːm]	Firma, Unternehmen
business [ˈbɪznɪs]	Geschäft, Unternehmen
Our business is very profitable.	Unser Geschäft ist sehr rentabel.
business administration [bɪznɪs ədmɪnɪˈstreɪʃən]	Betriebswirtschaftslehre
do business [duː ˈbɪznɪs]	Geschäfte machen
We do a lot of business with China.	Wir machen viele Geschäfte mit China.

INFOKASTEN

Es ist manchmal schwierig, zwischen *do* und *make* zu unterscheiden. Man sagt *do business*, aber *make an appointment* (einen Termin vereinbaren).
Weitere Beispiele sind: *do a job* (arbeiten), aber *make progress* (Fortschritte machen).

run a business [rʌn ə ˈbɪznɪs]	ein Geschäft führen
go out of business [gəʊ aʊt əv ˈbɪznɪs]	ein Geschäft aufgeben, Bankrott machen
businessman [ˈbɪznɪsmən]	Geschäftsmann, Kaufmann
businesswoman [ˈbɪznɪswʊmən]	Geschäftsfrau, Kauffrau
She is a very successful businesswoman.	Sie ist eine sehr erfolgreiche Geschäftsfrau.
corporation [kɔːpəˈreɪʃən]	Gesellschaft
corporate [ˈkɔːpərət]	Unternehmens…, Firmen…
Corporate social responsibility has become an important topic.	Die soziale Verantwortung von Unternehmen ist zu einem wichtigen Thema geworden.
enterprise [ˈentəpraɪz]	Unternehmen, Unternehmung
entrepreneur [ɒntrəprəˈnɜː]	Unternehmer(in)
multinational company [mʌltɪˈnæʃənl ˈkʌmpənɪ]	multinationales Unternehmen

parent company ['peərənt 'kʌmpənɪ]	Muttergesellschaft, Stammhaus
subsidiary [səb'sɪdɪərɪ]	Tochter…, Neben…, Tochtergesellschaft
We recently sold one of our subsidiaries.	Wir haben kürzlich eine unserer Tochtergesellschaften verkauft.
set up a subsidiary [set ʌp ə səb'sɪdɪərɪ]	eine Tochtergesellschaft gründen
wholly-owned subsidiary ['həʊlɪəʊnd səb'sɪdɪərɪ]	hundertprozentige Tochtergesellschaft
holding company ['həʊldɪŋ 'kʌmpənɪ]	Dachgesellschaft
private limited company (Ltd.) ['praɪvət 'lɪmɪtɪd 'kʌmpənɪ]	Gesellschaft mit beschränkter Haftung (GmbH)
public limited company (plc) ['pʌblɪk 'lɪmɪtɪd 'kʌmpənɪ]	Aktiengesellschaft (AG)
partnership ['pɑːtnəʃɪp]	Partnerschaft, Personengesellschaft
We are involved in partnerships with numerous other firms.	Wir haben Partnerschaften mit zahlreichen anderen Firmen.
limited partnership ['lɪmɪtɪd 'pɑːtnəʃɪp]	Kommanditgesellschaft (KG)
own [əʊn]	besitzen, haben
owner ['əʊnə]	Besitzer(in)
co-owner [kəʊ'əʊnə]	Mitinhaber(in)
proprietor [prə'praɪətə]	Besitzer(in), Eigentümer(in)
commerce ['kɒmɜːs]	Handel
trade [treɪd]	Handel, Gewerbe, Tausch, handeln
Our firm trades in leather goods.	Unsere Firma handelt in Lederwaren.
trading partner ['treɪdɪŋ 'pɑːtnə]	Handelspartner(in)
tradesman ['treɪdzmən]	Händler, Handwerker
customer ['kʌstəmə]	Kunde/Kundin
client ['klaɪənt]	Kunde/Kundin

INFOKASTEN

Client und *customer* werden beide mit Kunde übersetzt. *Client* wird eher im Dienstleistungsbereich verwendet, z.B. hat ein Rechtsanwalt einen *client*. Der Handel spricht dagegen vom *customer*.

retailer [ˈriːteɪlə] — Einzelhändler(in)
They are a major food retailer. — Sie sind ein großer Lebensmitteleinzelhändler.

retailing [ˈriːteɪlɪŋ] — Einzelhandel
wholesale [ˈhəʊlseɪl] — Großhandel, Großhandels…
wholesale market [ˈhəʊlseɪl ˈmɑːkɪt] — Großmarkt
wholesaler [ˈhəʊlseɪlə] — Großhändler(in), Grossist(in)
industry [ˈɪndəstrɪ] — Industrie
car industry [kɑː ˈɪndəstrɪ] — Automobilindustrie

2. Personal und Abteilungen

personnel [pɜːsəˈnel] — Personal, Belegschaft
She works in the personnel department. — Sie arbeitet in der Personalabteilung.

INFOKASTEN

Personnel und *personal* darf man nicht verwechseln. *Personnel* oder *staff* bedeuten Personal, *personal* dagegen bedeutet privat, persönlich.

human resources [ˈhjuːmən rəˈsɔːsɪz] — Humankapital, Personalabteilung
staff [stɑːf] — Personal, Mitarbeiter
director [daɪˈrektə] — Leiter(in), Aufsichtsratsmitglied
board of directors [bɔːd əv daɪˈrektəz] — Direktion, Vorstand
managing director [ˈmænɪdʒɪŋ daɪˈrektə] — Generaldirektor(in), Geschäftsführer(in), Vorstandsvorsitzende(r)
member [ˈmembə] — Mitglied
board member [bɔːd ˈmembə] — Vorstandsmitglied
chair [tʃeə] — Vorsitz, den Vorsitz haben, leiten
The managing director will chair today's meeting. — Der Geschäftsführer wird bei der heutigen Sitzung den Vorsitz haben.
chairman [ˈtʃeəmən] — Vorsitzender

INFOKASTEN

In Zusammensetzungen, die Beruf oder gesellschaftliche Stellung bezeichnen (z.B. *policeman, fireman*), wird heutzutage *-man* vermieden, um nicht diskriminierend gegen Frauen zu sein. Stattdessen verwendet man neutrale Bezeichnungen, z.B. *chairperson, police officer* oder *firefighter*.

chairman of the board [ˈtʃeəmən əv ðə bɔːd]	Vorstandsvorsitzender
chairwoman [ˈtʃeəwʊmən]	Vorsitzende
supervisory board [suːpəˈvaɪzərɪ bɔːd]	Aufsichtsrat
German public companies are required to have a supervisory board.	Deutsche Aktiengesellschaften müssen einen Aufsichtsrat haben.
chairman of the supervisory board [ˈtʃeəmən əv ðə suːpəˈvaɪzərɪ bɔːd]	Aufsichtsratsvorsitzender
executive [ɪɡˈzekjʊtɪv]	leitende(r) Angestellte(r)
chief executive officer (CEO) *AE* [tʃiːf ɪɡˈzekjʊtɪv ˈɒfɪsə]	Generaldirektor(in)
administration [ədmɪnɪˈstreɪʃən]	Verwaltung, Regierung
administrator [ədmɪnɪˈstreɪtə]	Verwalter, Sachbearbeiter
management [ˈmænɪdʒmənt]	Unternehmensführung, (Geschäfts-)Leitung

INFOKASTEN

Einige zusammengesetzte Substantive mit *management*:

quality management	Qualitätsmanagement
middle management	mittlere Führungsebene
senior management	Führungsstab

manager [ˈmænɪdʒə]	(Abteilungs-)Leiter(in), Geschäftsführer(in)
managerial [mænəˈdʒɪərɪəl]	Führungs…, leitend
department [dɪˈpɑːtmənt]	Abteilung
division [dɪˈvɪʒən]	Abteilung, Geschäftsbereich
be in charge of [biː ɪn ˈtʃɑːdʒ əv]	zuständig/verantwortlich sein für

be headed by [biː ˈhedɪd baɪ]	geleitet werden von
supervisor [ˈsuːpəvaɪzə]	Vorgesetzte(r), Leiter(in)
You will work closely with your supervisor.	Sie werden eng mit Ihrem Vorgesetzten zusammenarbeiten.
supervise [ˈsuːpəvaɪz]	beaufsichtigen, überwachen
spokesperson [ˈspəʊkspɜːsn]	Sprecher(in)
A spokesperson denied the allegations.	Ein Sprecher bestritt die Vorwürfe.
boss [bɒs]	Chef(in)
deputy [ˈdepjʊtɪ]	Stellvertreter(in)
stand in for [stænd ˈɪn fɔː]	jdn. vertreten
secretary [ˈsekrətrɪ]	Sekretär(in)

INFOKASTEN

Statt *secretary* wird heute bevorzugt *office manager, office assistant* oder in der Führungsetage *personal assistant* verwendet. Wenn Sie sagen möchten, dass Sie die Sekretärin von Herrn Müller sind, heißt es: *personal assistant to Mr Müller.*

clerk [klɑːk]	Büroangestellte(r), *AE:* Verkäufer(in)
clerical assistant [ˈklerɪkl əˈsɪstənt]	Büroangestellte(r)
officer [ˈɒfɪsə]	Beamter/Beamtin
field work [ˈfiːld wɜːk]	Außendienst
marketing [ˈmɑːkɪtɪŋ]	Marketing, Absatzwirtschaft
He works as a marketing assistant.	Er arbeitet als Assistent im Marketingbereich.
salesforce [ˈseɪlzfɔːs]	Vertriebspersonal, Außendienst
Our salesforce is highly motivated.	Unsere Vertriebsmitarbeiter sind hoch motiviert.
salesman [ˈseɪlzmən]	Verkäufer
saleswoman [ˈseɪlzwʊmən]	Verkäuferin
specialist [ˈspeʃəlɪst]	Fachmann/Fachfrau, Spezialist(in)
specialized [ˈspeʃəlaɪzd]	spezialisiert, Fach…
specialize in sth. [ˈspeʃəlaɪz ɪn ˈsʌmθɪŋ]	sich auf etwas spezialisieren
We specialize in American holidays.	Wir spezialisieren uns auf Amerika-Reisen.

consultant [kən'sʌltənt]	Berater(in), Gutachter(in)
engage a consultant [ɪn'geɪdʒ ə kən'sʌltənt]	einen Berater einstellen
financial consultant [faɪ'nænʃl kən'sʌltənt]	Finanzberater(in)
management consultant ['mænɪdʒmənt kən'sʌltənt]	Unternehmensberater(in)
advise [əd'vaɪz]	(be)raten, empfehlen
adviser/or [əd'vaɪzə]	Berater(in)
tax adviser [tæks əd'vaɪzə]	Steuerberater(in)
subordinate [sə'bɔ:dɪnət]	Mitarbeiter(in), Untergebene(r)
civil servant ['sɪvəl 'sɜ:vənt]	Beamter/Beamtin
engineer [endʒɪ'nɪə]	Ingenieur(in), Techniker(in)

3. Standort

location [ləʊ'keɪʃən]	Standort, Lage
be located [bi: ləʊ'keɪtɪd]	sich befinden in
Our headquarters are located in the city centre.	Unsere Zentrale befindet sich im Stadtzentrum.
relocate [ri:ləʊ'keɪt]	den Standort wechseln, umziehen
premises *pl* ['premɪsɪz]	Grundstück, Gelände, Räumlichkeiten
property ['prɒpətɪ]	Eigentum, (Grund-)Besitz, Eigenschaft
site [saɪt]	Standort, Gelände
industrial site [ɪn'dʌstrɪəl saɪt]	Industriegelände
headquarters *pl* ['hedkwɔ:təz]	Zentrale, Hauptsitz
Their headquarters are in London.	Ihre Zentrale ist in London.
head office [hed 'ɒfɪs]	Zentrale, Hauptgeschäftsstelle
branch [brɑ:ntʃ]	Zweig, Niederlassung, Filiale
branch office [brɑ:ntʃ 'ɒfɪs]	Zweigstelle
open a branch ['əʊpən ə brɑ:ntʃ]	eine Filiale eröffnen
close (down) a branch ['kləʊs ('daʊn) ə brɑ:ntʃ]	eine Filiale schließen
plant [plɑ:nt]	Werk, Anlage
facility [fə'sɪlətɪ]	Einrichtung, Anlage
factory ['fæktrɪ]	Fabrik

ÜBUNGEN 1

Übung 1: Übersetzen Sie!

a) Geschäfte machen ______

b) Tochtergesellschaft ______

c) Unternehmer ______

d) Vorsitzende ______

e) Verwaltung ______

f) Industriegelände ______

g) Werk, Anlage ______

Übung 2: Setzen Sie das richtige Wort ein!

managing | partnership | wholesaler | industry | board | staff

a) Mr Lawrence is the new chairman of the ______.

b) Suup Foods is a major food ______.

c) The steel ______ needs lots of energy for production.

d) We aim to go into a ______ with Johnson Analytics.

e) We currently have thirty full-time members of ______.

f) The new ______ director aims for a new strategy to sustain our success.

Übung 3: Unterstreichen Sie die richtige Variante!

a) Our headquarters is / are in London.

b) You will work closely / tightly with your supervisor.

c) Our firm bargains / trades in pharmaceutical products.

d) ABC Corp is an important client / customer of our law firm.

e) I'd like to do / make an appointment with the managing director.

f) The officer / clerk in the office next door mainly processes orders.

g) The company spokesperson / speaker denied all allegations of mismanagement.

Übung 4: Verbinden Sie die Synonyme!

1. ☐ owner	a) personnel department
2. ☐ secretary	b) site
3. ☐ advisor	c) facility
4. ☐ premises	d) proprietor
5. ☐ human resources	e) consultant
6. ☐ department	f) office assistant
7. ☐ plant	g) division

Übung 5: Enträtseln Sie den Buchstabensalat und ordnen Sie die passende Übersetzung zu!

1. ☐ r i c h a		a) Stellvertreter
2. ☐ t e r i l a r e		b) Geschäft, Unternehmen
3. ☐ s u b n i s e s		c) Handel
4. ☐ c c e m m o r e		d) Standort
5. ☐ p o c a m y n		e) Einzelhändler
6. ☐ d u t e y p		f) Vorsitz
7. ☐ a l o t c i n o		g) Unternehmen, Firma

Übung 6: Enträtseln Sie die Definitionen!

a) The adjective corresponding to "management".

b) The opposite of "subsidiary".

c) Another word for "commerce".

d) All sales personnel in a company make up the …

e) Someone who works for the government is a …

f) A building where products are made.

g) A company that owns other companies.

1. Geschäftsräume

office [ˈɒfɪs]	Büro
open-plan office [ˈəʊpənplæn ˈɒfɪs]	Großraumbüro
I work in an open-plan office.	Ich arbeite in einem Großraumbüro.
partition wall [pɑːˈtɪʃən wɔːl]	Trennwand
reception [rɪˈsepʃən]	Empfang
conference room [ˈkɒnfərəns ruːm]	Konferenzsaal
floor [flɔː]	Etage, Stock(werk)

INFOKASTEN

Bei *floor* muss man zwischen britischem und amerikanischem Englisch unterscheiden, da sich für Briten die erste Etage *(first floor)* eine Etage über dem Erdgeschoss befindet. Für Amerikaner dagegen ist das Erdgeschoss schon *first floor.*

lift *BE* [lɪft], **elevator** *AE* [ˈeləveɪtə]	Aufzug
staff canteen [stɑːf kænˈtiːn]	Kantine
office storeroom [ˈɒfɪs ˈstɔːruːm]	Lager(raum) für Büromaterial
office staff [ˈɒfɪs stɑːf]	Büropersonal
administrative staff [ədˈmɪnɪstrətɪv stɑːf]	Verwaltungspersonal
caretaker [ˈkeəteɪkə]	Hausmeister

INFOKASTEN

Im britischen Englisch wird Hausmeister normalerweise mit *caretaker* übersetzt. Im Amerikanischen spricht man gewöhnlich vom *janitor*.

office hours *pl* [ˈɒfɪs ˈaʊəz]	Geschäftszeit, Öffnungszeiten
hours of business *pl* [ˈaʊəz əv ˈbɪznɪs]	Geschäftszeiten

INFOKASTEN

Hours of business in Großbritannien unterscheiden sich von deutschen Geschäftszeiten. Im Büro arbeitet man von 9 Uhr bis 17 Uhr. Im Durchschnitt arbeiten die Briten länger als andere europäische Länder. Supermärkte haben oft bis Mitternacht geöffnet und auch am Sonntag kann man einkaufen gehen.

2. Büroausstattung

office supplies *pl* ['ɒfɪs sə'plaɪs]	Bürobedarf
filing cabinet ['faɪlɪŋ 'kæbɪnət]	Aktenschrank
desk [desk]	Schreibtisch

INFOKASTEN

In Zeiten von Teilzeitarbeit, Jobsharing und Gleitzeit teilen sich zwei oder mehr Angestellte den gleichen Arbeitsbereich und Schreibtisch. Dies nennt man *hot desking*.

cupboard ['kʌbəd]	Schrank
bookcase ['bʊkkeɪs]	Bücherregal
chair [tʃeə]	Stuhl
swivel chair ['swɪvl tʃeə]	Drehstuhl
shelf [ʃelf]	Regal
folder ['fəʊldə]	Mappe, Ordner, Schnellhefter
desk lamp ['desk læmp]	Schreibtischlampe
stamp [stæmp]	Stempel
ink-pad ['ɪŋkpæd]	Stempelkissen
notepad ['nəʊtpæd]	Notizblock
pencil ['pensɪl]	Bleistift
pen [pen]	Kugelschreiber
envelope ['envələʊp]	Briefumschlag
Do you have any A4 envelopes left?	Haben Sie noch A4 Briefumschläge?
headed paper ['hedɪd 'peɪpə]	Papier mit Briefkopf
paper clip ['peɪpə klɪp]	Büroklammer
stapler ['steɪplə]	Hefter

holepunch [ˈhəʊlpʌntʃ] Locher
photocopier [ˈfəʊtəʊkɒpɪə] Kopierer
printer [ˈprɪntə] Drucker
ink cartridge [ɪŋk ˈkɑːtrɪdʒ] Druckerpatrone
projector [prəˈdʒektə] Beamer, Projektor
shredder [ˈʃredə] Reißwolf
air conditioning [eə kənˈdɪʃənɪŋ] Klimaanlage
Please switch on the air conditioning. Bitte schalten Sie die Klimaanlage an.
radiator [ˈreɪdɪeɪtə] Heizkörper
coffee machine [ˈkɒfɪ məˈʃiːn] Kaffeemaschine
kettle [ketl] Wasserkocher
switch [swɪtʃ] Schalter
plug [plʌg] Stecker
socket [ˈsɒkət] Steckdose
extension lead [ɪkˈstenʃən liːd] Verlängerungskabel
Where can I find an extension lead, please? Wo finde ich ein Verlängerungskabel?

3. Computer und Internet

computer [kəmˈpjuːtə] Computer, Rechner
hardware [ˈhɑːdweə] Hardware
software [ˈsɒftweə] Software
personal computer [ˈpɜːsənl kəmˈpjuːtə] Personalcomputer
PC [piːˈsiː] Personalcomputer (PC)
start up [stɑːt ˈʌp] den Computer starten
switch on [swɪtʃ ˈɒn] (den Computer) einschalten
switch off [swɪtʃ ˈɒf] (den Computer) ausschalten
save sth. [seɪv ˈsʌmθɪŋ] etwas speichern
Remember to save the data files before switching off the PC. Vergessen Sie nicht, die Dateien abzuspeichern, bevor Sie den PC ausschalten.
memory [ˈmemərɪ] Speicherplatz
hard disk [ˈhɑːd dɪsk] Festplatte
screen [ˈskriːn] Bildschirm, Monitor

monitor ['mɒnɪtə]	Bildschirm, Monitor
mouse [maʊs]	Maus
keyboard ['ki:bɔ:d]	Tastatur
The marketing department requires ten new keyboards.	Die Marketingabteilung benötigt zehn neue Tastaturen.
CD-ROM [si:di:'rɒm]	CD-ROM
disk [dɪsk]	Diskette
USB stick [ju:es'bi: stɪk]	USB-Stick
drive [draɪv]	Laufwerk
port [pɔ:t]	Anschluss
plug [plʌg]	Stecker
plug in [plʌg 'ɪn]	einstecken
cable [keɪbl]	Kabel
printer ['prɪntə]	Drucker
printout ['prɪntaʊt]	Ausdruck
laptop ['læptɒp]	Laptop
notebook ['nəʊtbʊk]	Notebook
tablet ['tæblət]	Tablet
hardware failure ['hɑ:dweə 'feɪljə]	Maschinenstörung, Ausfall der Hardware
backup copy ['bækʌp 'kɒpɪ]	Sicherheitskopie
software package ['sɒftweə 'pækɪdʒ]	Softwarepaket
The software package can be installed by following the instructions.	Das Softwarepaket kann den Anweisungen folgend installiert werden.
compatible software [kəm'pætəbl 'sɒftweə]	kompatible Software
compatibility [kəmpætə'bɪlɪtɪ]	Kompatibilität, Vereinbarkeit
program ['prəʊgræm]	Computerprogramm, programmieren
install a program [ɪn'stɔ:l ə 'prəʊgræm]	ein Programm installieren
installation [ɪnstə'leɪʃən]	Installation
system ['sɪstəm]	System
system control ['sɪstəm kən'trəʊl]	Systemsteuerung
operating system ['ɒpəreɪtɪŋ 'sɪstəm]	Betriebssystem

command [kə'mɑːnd]	Befehl
application [æplɪ'keɪʃən]	Anwendung
version ['vɜːʒən]	Modell, Version
Which software version are you using?	Welche Software-Version verwenden Sie?
load [ləʊd]	laden
run a program [rʌn ə 'prəʊgræm]	ein Programm laufen lassen
update ['ʌpdeɪt]	Update, Aktualisierung
update [ʌp'deɪt]	aktualisieren, updaten
We update the database on a daily basis.	Wir aktualisieren die Datenbank täglich.
file [faɪl]	Datei, in einer Datei ablegen
open a file ['əʊpən ə faɪl]	eine neue Datei anlegen, eine Datei öffnen
create a file [krɪ'eɪt ə faɪl]	eine Datei erstellen
We need to create a file for this project.	Wir müssen eine Datei für dieses Projekt erstellen.
save a file ['seɪv ə faɪl]	eine Datei speichern
delete a file [dɪ'liːt ə faɪl]	eine Datei löschen
call up a file ['kɔːl ʌp ə faɪl]	eine Datei aufrufen
access a file ['ækses ə faɪl]	eine Datei aufrufen
access ['ækses]	Zugriff, Zugang
data [deɪtə]	Daten
(electronic) data processing [(ɪlek'trɒnɪk) 'deɪtə 'prəʊsesɪŋ]	(elektronische) Datenverarbeitung
data transfer ['deɪtə 'trænsfɜː]	Datenübertragung
We have located the error in the data transfer.	Wir haben den Fehler bei der Datenübertragung identifiziert.
data input ['deɪtə 'ɪnpʊt]	Dateneingabe
input ['ɪnpʊt]	Input, eingeben
database ['deɪtəbeɪs]	Datenbank
The database is password-protected.	Die Datenbank ist kennwortgeschützt.
data entry ['deɪtə 'entrɪ]	Datenerfassung, Dateneintrag
spreadsheet ['spredʃiːt]	Tabellenkalkulation
interface ['ɪntəfeɪs]	Schnittstelle, Interface
network ['netwɜːk]	Netzwerk
server ['sɜːvə]	Server
provider [prə'vaɪdə]	Provider

Internet [ˈɪntənet]	das Internet
the Net [ðə ˈnet]	das Netz
surf the Net [sɜːf ðə ˈnet]	im Internet surfen
intranet [ˈɪntrənet]	Intranet

INFOKASTEN

Als *intranet* bezeichnet man das interne PC-Netzwerk einer Firma.

web [web]	World Wide Web, Netz
web browser [web ˈbraʊzə]	Webbrowser
log on [lɒg ˈɒn]	sich anmelden
To log on, please enter your password.	Geben Sie bitte Ihr Passwort ein, um sich anzumelden.
log off [lɒg ˈɒf]	sich abmelden
online [ɒnˈlaɪn]	online, Online…
email [ˈiːmeɪl]	E-Mail, e-mailen
Wi-fi [ˈwaɪfaɪ]	WLAN
download [daʊnˈləʊd]	herunterladen
upload [ʌpˈləʊd]	hochladen
digitization [dɪdʒɪtaɪˈzeɪʃən]	Digitalisierung
homepage [ˈhəʊmpeɪdʒ]	Homepage
website [ˈwebsaɪt]	Website
cloud [klaʊd]	Cloud, Datenwolke
data protection [ˈdeɪtə prətekʃən]	Datenschutz

4. Bürotätigkeiten

manage [ˈmænɪdʒ]	verwalten, leiten
be in charge of [biː ɪn ˈtʃɑːdʒ əv]	verantwortlich sein für

INFOKASTEN

Man kann entweder sagen *be responsible for* oder *be in charge of,* um einen Verantwortlichkeitsbereich auszudrücken.

deal with [ˈdiːl wɪð]	sich befassen mit, erledigen
I deal with shipping and transport documentation.	Ich erledige Versand- und Transportdokumente.
process [ˈprəʊses]	bearbeiten
We will process your request within one week.	Wir werden Ihre Anfrage innerhalb einer Woche bearbeiten.
responsibility [rɪspɒnsəˈbɪlətɪ]	Verantwortung, Aufgabe
incoming [ˈɪnkʌmɪŋ]	eingehend
outgoing [ˈaʊtgəʊɪŋ]	ausgehend
secretarial [sekrəˈteərɪəl]	Sekretariats…
paperwork [ˈpeɪpəwɜːk]	Schreibarbeit, Papierkram *fam*
Many employees complain of too much paperwork.	Viele Angestellte beschweren sich über zu viel Papierkram.
typing error [ˈtaɪpɪŋ ˈerə]	Tippfehler
correspondence [kɒrəˈspɒndəns]	Schriftwechsel, Korrespondenz
copy [ˈkɒpɪ]	Kopie, kopieren
draft [drɑːft]	entwerfen, Entwurf
file [faɪl]	(Akten-)Ordner, Datei, ablegen, einordnen
I'll open a new file for the marketing project.	Ich werde eine neue Akte für das Marketingprojekt anlegen.
present [prɪˈzent]	vortragen, vorstellen
He'll present the results of our sales promotion.	Er wird die Ergebnisse unserer Verkaufskampagne präsentieren.
finalize [ˈfaɪnəlaɪz]	abschließen
run [rʌn]	leiten, betreiben, bedienen
The team is run by the marketing manager.	Das Team wird vom Marketing-Manager geführt.
involve [ɪnˈvɒlv]	beinhalten
accountable [əˈkaʊntəbl]	verantwortlich, rechenschaftspflichtig
The managing director is accountable to the shareholders.	Der Geschäftsführer ist den Aktionären gegenüber rechenschaftspflichtig.
administration [ədmɪnɪˈstreɪʃən]	Verwaltung, Regierung
administrative work [ədˈmɪnɪstrətɪv wɜːk]	Verwaltungsarbeit
red tape *fig* [red ˈteɪp]	Amtsschimmel *fig*, Papierkrieg
Red tape can deter people from founding new businesses.	Der Amtsschimmel kann Leute von einer Geschäftsgründung abhalten.

1. Arbeit

profession [prəˈfeʃən]	Beruf
She works in the legal profession.	Sie arbeitet im Anwaltsberuf.
professional [prəˈfeʃənl]	beruflich, Berufs…
occupation [ɒkjʊˈpeɪʃən]	Beruf, Tätigkeit
What is your occupation?	Was machen Sie beruflich?
job [dʒɒb]	Arbeit, Stelle, Aufgabe
It's my job to deal with the correspondence.	Meine Aufgabe ist es, die Korrespondenz zu erledigen.

INFOKASTEN

Bei *job* braucht man die Artikel *a* oder *the*. Bsp.: *He has found a good job.* Er hat einen guten Job gefunden.
Work hingegen ist unzählbar, d.h. der Begriff wird ohne Artikel verwendet. Bsp.: *He has found work in the factory.* Er hat Arbeit in der Fabrik gefunden.

permanent [ˈpɜːmənənt]	unbefristet
job sharing [dʒɒb ˈʃeərɪŋ]	Jobsharing, Arbeitsplatzteilung
work [wɜːk]	Arbeit, arbeiten
He's at work.	Er ist bei der Arbeit.
out of work [aʊt əv ˈwɜːk]	arbeitslos
work a machine [wɜːk ə məˈʃiːn]	eine Maschine bedienen
work experience [wɜːk ɪkˈspɪərɪəns]	Berufserfahrung, Praktikum
I have three years' work experience.	Ich habe drei Jahre Berufserfahrung.
work schedule [wɜːk ˈʃedjuːl]	Arbeitsplan
work permit [wɜːk ˈpɜːmɪt]	Arbeitserlaubnis
workplace [ˈwɜːkpleɪs]	Arbeitsplatz
worker [ˈwɜːkə]	Arbeiter(in)
full-time worker [ˈfʊltaɪm ˈwɜːkə]	Vollzeitkraft
part-time worker [ˈpɑːttaɪm ˈwɜːkə]	Teilzeitkraft
part-time [ˈpɑːttaɪm]	(in) Teilzeit…, stundenweise

She works as a part-time nurse.	Sie arbeitet in Teilzeit als Krankenschwester.
temporary worker ['tempərərɪ 'wɜːkə]	Aushilfskraft
temp [temp]	Aushilfe, Aushilfskraft
We employ temps during busy periods.	Wir stellen in Stoßzeiten Aushilfskräfte an.
casual worker ['kæʒuəl 'wɜːkə]	Gelegenheitsarbeiter(in)
flexitime ['fleksɪtaɪm]	Gleitzeit
teleworking ['telɪwɜːkɪŋ]	Telearbeit
Teleworking is often suitable for working mothers.	Telearbeit ist für berufstätige Mütter oft geeignet.

INFOKASTEN

Unter *teleworking* versteht man Arbeit, die von zu Hause aus mit Hilfe eines PCs erledigt werden kann. Der Arbeitnehmer muss nicht an einer Arbeitsstelle sein.

official [ə'fɪʃəl]	offiziell, amtlich, Beamter/Beamtin
official business [ə'fɪʃəl 'bɪznɪs]	Dienstsache
freelance ['friːlæns]	freiberuflich tätig sein
freelancer ['friːlænsə]	Freiberufler(in), freie(r) Mitarbeiter(in)
She works as a freelancer.	Sie arbeitet als Freiberuflerin.
self-employed [selfɪm'plɔɪd]	selbstständig erwerbstätig
She is a self-employed interior designer.	Sie ist eine selbstständige Innenarchitektin.
blue-collar worker [bluː'kɒlə 'wɜːkə]	Arbeiter(in)

INFOKASTEN

Für *blue-collar worker* kann man auch *labourer* oder *manual worker* sagen.

white-collar worker [waɪt'kɒlə 'wɜːkə]	Angestellte(r), Büroangestellte(r)
labourer ['leɪbərə]	Arbeiter(in), Arbeitskraft
shift work ['ʃɪft wɜːk]	Schichtarbeit

workforce [ˈwɜːkfɔːs]	Arbeiterschaft, Belegschaft
They have a skilled workforce.	Sie haben ausgebildete Arbeitskräfte.
workplace [ˈwɜːkpleɪs]	Arbeitsplatz
working conditions *pl* [ˈwɜːkɪŋ kənˈdɪʃənz]	Arbeitsbedingungen
working hours *pl* [ˈwɜːkɪŋ ˈaʊəz]	Arbeitszeiten
My working hours vary from week to week.	Meine Arbeitszeiten sind jede Woche unterschiedlich.
workload [ˈwɜːkləʊd]	Arbeitsbelastung, Arbeitspensum
I have a heavy workload.	Ich habe eine hohe Arbeitsbelastung.
employ [ɪmˈplɔɪ]	beschäftigen, anstellen
employed [ɪmˈplɔɪd]	berufstätig, erwerbstätig
She's employed on a part-time basis.	Sie arbeitet Teilzeit.
employee [ɪmplɔɪˈiː]	Arbeitnehmer(in), Angestellte(r)
employer [ɪmˈplɔɪə]	Arbeitgeber(in)
employment [ɪmˈplɔɪmənt]	Arbeit, Stellung, Beschäftigung
full employment [fʊl ɪmˈplɔɪmənt]	Vollbeschäftigung
unemployed [ʌnɪmˈplɔɪd]	arbeitslos
unemployment [ʌnɪmˈplɔɪmənt]	Arbeitslosigkeit
unemployment insurance [ʌnɪmˈplɔɪmənt ɪnˈʃʊərəns]	Arbeitslosenversicherung
register [ˈredʒɪstə]	Register, (sich) anmelden
She registered as unemployed this morning.	Sie hat sich heute Morgen arbeitslos gemeldet.
overtime [ˈəʊvətaɪm]	Überstunden
You may be required to work unpaid overtime.	Sie werden vielleicht unbezahlte Überstunden machen müssen.
sick leave [ˈsɪk liːv]	Krankenurlaub
be on sick leave [biː ɒn ˈsɪk liːv]	krank geschrieben sein
sick note [ˈsɪk nəʊt]	Krankmeldung
paid maternity leave [peɪd məˈtɜːnɪtɪ liːv]	Mutterschutz
National Insurance *BE* [ˈnæʃənəl ɪnˈʃʊərəns]	Sozialversicherung
UK employees have to pay National Insurance.	Britische Arbeitnehmer müssen Sozialversicherungsbeiträge zahlen.

health insurance [helθ ɪnˈʃʊərəns] — Krankenversicherung

> **INFOKASTEN**
>
> Hat ein Arbeitnehmer in Großbritannien keine private Krankenversicherung abgeschlossen, wird er durch den *National Health Service (NHS)*, die gesetzliche Krankenkasse, versichert. Dagegen gibt es in den USA keine vergleichbare gesetzliche Krankenversicherung. Viele Arbeitnehmer sind über ihren Arbeitgeber privat versichert, daneben gibt es staatliche Gesundheitsprogramme wie *Medicare* und *Medicaid*. Die Regierung Obama hat die staatlichen Leistungen ausgebaut.

2. Bewerben

applicant [ˈæplɪkənt]	Bewerber(in)
The standard of applicants has been high.	Das Niveau der Bewerber ist sehr hoch gewesen.
apply for a job [əˈplaɪ fɔːr ə dʒɒb]	sich um eine Stelle bewerben
job application [dʒɒb æplɪˈkeɪʃən]	Bewerbung
Do you need any help with your job application?	Brauchen Sie Hilfe bei Ihrer Bewerbung?
letter of application [ˈletə əv æplɪˈkeɪʃən]	Bewerbungsschreiben
vacancy [ˈveɪkənsɪ]	freie Stelle
They advertised the vacancy.	Sie haben die Stelle ausgeschrieben.
advertise [ˈædvətaɪz]	werben für, annoncieren, inserieren
advertisement [ədˈvɜːtɪsmənt]	Werbung, Anzeige, Inserat
classified advertisements *pl* [ˈklæsɪfaɪd ədˈvɜːtɪsmənts]	Kleinanzeigen
fill [fɪl]	besetzen, (aus)füllen
The position has already been filled.	Die Stelle wurde schon vergeben.
job centre *BE* [ˈdʒɒb ˈsentə]	Arbeitsamt
employment agency [ɪmˈplɔɪmənt ˈeɪdʒənsɪ]	(private) Stellenvermittlung

recruitment agency [rɪˈkruːtmənt ˈeɪdʒənsɪ]	Stellenvermittlung

> **INFOKASTEN**
>
> Im amerikanischen Englisch übersetzt man Arbeitsamt oder Arbeitsagentur mit *labor exchange*. Im britischen Englisch dagegen mit *job centre*. *Recruitment agencies* sind normalerweise private Stellenvermittlungsfirmen.

job description [dʒɒb dɪˈskrɪpʃən]	Tätigkeitsbeschreibung
job interview [dʒɒb ˈɪntəvjuː]	Vorstellungsgespräch
curriculum vitae [kəˈrɪkjʊləm ˈviːtaɪ]	Lebenslauf
CV [siːˈviː]	Lebenslauf
I enclose my CV together with a copy of my certificate.	Ich lege meinen Lebenslauf und eine Zeugniskopie bei.

> **INFOKASTEN**
>
> Im britischen Englisch spricht man von einem *CV* (*Curriculum vitae*) als Übersetzung für Lebenslauf. Im amerikanischen Englisch wird eher der Begriff *résumé* gebraucht.

tabular [ˈtæbjʊlə]	tabellarisch
covering letter [ˈkʌvərɪŋ ˈletə]	Anschreiben
certificate [səˈtɪfɪkət]	Bescheinigung, Urkunde
reference [ˈrefərəns]	Referenz, Zeugnis
Please provide us with a reference.	Bitte legen Sie uns ein Zeugnis vor.
qualification [kwɒlɪfɪˈkeɪʃən]	Qualifikation, Zeugnis
key qualification [kiː kwɒlɪfɪˈkeɪʃən]	Schlüsselqualifikation
She possesses the key qualifications required for the job.	Sie verfügt über die Schlüsselqualifikationen für diesen Job.
qualifying period [ˈkwɒlɪfaɪɪŋ ˈpɪərɪəd]	Probezeit
trial period [ˈtraɪəl ˈpɪərɪəd]	Probezeit

unqualified [ʌnˈkwɒlɪfaɪd]	unqualifiziert, nicht qualifiziert
He is unqualified for this post.	Er ist für diese Stelle unqualifiziert.
skill [skɪl]	Fertigkeit, Kenntnis
skilled [skɪld]	geschickt, ausgebildet
semi-skilled [semɪˈskɪld]	angelernt
contract [ˈkɒntrækt]	Vertrag, Vereinbarung
Please fill in and sign the contract.	Bitte füllen Sie den Vertrag aus und unterschreiben Sie ihn.
contract of employment [ˈkɒntrækt əv ɪmˈplɔɪmənt]	Arbeitsvertrag
hire [haɪə]	einstellen
We have hired a new secretary.	Wir haben eine neue Sekretärin eingestellt.
recruit [rɪˈkruːt]	(an)werben, gewinnen
recruitment [rɪˈkruːtmənt]	(An-)Werbung, Personalbeschaffung
promote [prəˈməʊt]	befördern
promotion [prəˈməʊʃən]	Beförderung
dismiss [dɪsˈmɪs]	entlassen
dismissal [dɪsˈmɪsəl]	Entlassung
make s.o. redundant [meɪk ˈsʌmwʌn rɪˈdʌndənt]	jdm. kündigen
sack *fam* [sæk]	entlassen, feuern *fam*
The boss sacked John. *fam*	Der Chef hat John gefeuert. *fam*
get the sack *fam* [get ðə ˈsæk]	gefeuert werden *fam*

INFOKASTEN

Umgangssprachlich wird statt *dismiss* oft auch *sack* (rausschmeißen) oder *fire* (feuern) verwendet. *I was sacked/I got the sack* bedeutet: Ich wurde rausgeschmissen/gefeuert.

quit [kwɪt]	kündigen
I'm quitting at the end of the month.	Ich habe zum Monatsende gekündigt.
resign [rɪˈzaɪn]	kündigen, zurücktreten
He has resigned to take up a better position.	Er hat gekündigt, um eine bessere Stelle anzunehmen.
resignation [rezɪgˈneɪʃən]	Rücktritt, Kündigung

notice ['nəʊtɪs]	Kündigung
She handed in her notice this morning.	Sie hat heute Morgen ihre Kündigung eingereicht.
give s.o. notice [gɪv 'sʌmwʌn 'nəʊtɪs]	jdm. kündigen, bei jdm. kündigen
period of notice ['pɪərɪəd əv 'nəʊtɪs]	Kündigungsfrist
retirement [rɪ'taɪəmənt]	Ruhestand
pay [peɪ]	Bezahlung, bezahlen
salary ['sælərɪ]	Gehalt
We weren't able to meet her salary expectations.	Wir konnten ihre Gehaltserwartungen nicht erfüllen.

INFOKASTEN

Salary verdient man monatlich, *wage* dagegen wird wöchentlich, meist für *manual work* (körperliche Arbeit) bezahlt.

gross salary [grəʊs 'sælərɪ]	Bruttogehalt
net salary [net 'sælərɪ]	Nettogehalt
salaried ['sælərɪd]	angestellt
wage [weɪdʒ]	Lohn
She earns the minimum wage.	Sie verdient den Mindestlohn.
hourly wage ['aʊəlɪ weɪdʒ]	Stundenlohn
earn [ɜːn]	verdienen, bringen
earnings *pl* ['ɜːnɪŋz]	Verdienst, Ertrag
make money [meɪk 'mʌnɪ]	Geld verdienen
premium ['priːmɪəm]	Bonus, Prämie
bonus ['bəʊnəs]	Prämie
Employees are awarded performance-related bonuses.	Den Mitarbeitern werden leistungsabhängige Prämien gezahlt.
remuneration [rɪmjuːnə'reɪʃən]	Bezahlung, Belohnung
remuneration in kind [rɪmjuːnə'reɪʃən ɪn kaɪnd]	Sachbezüge
rise [raɪz]	Anstieg, Gehaltserhöhung, ansteigen
I've been given a ten per cent rise.	Ich habe eine zehnprozentige Gehaltserhöhung bekommen.

INFOKASTEN

Rise (ansteigen) und *raise* (anheben) werden oft verwechselt. Das Verb *rise* braucht kein Objekt, während dem Verb *raise* immer ein Objekt folgen muss.
Bsp.: *Food prices are rising.* Die Nahrungsmittelpreise steigen.
The supermarkets raised the food prices. Die Supermärkte haben die Nahrungsmittelpreise angehoben.

holiday *BE* [ˈhɒlɪdeɪ] — Urlaub, Ferien, Feiertag
vacation *AE* [veɪˈkeɪʃən] — Ferien, Urlaub

INFOKASTEN

Holiday (BE) und *vacation (AE)* werden oft falsch verwendet. Will man ausdrücken, dass man in Urlaub fährt, heißt es richtig: *to go on holiday/vacation.* Befindet man sich gerade im Urlaub, heißt es: *to be on holiday (at the moment).*

leave [liːv] — Urlaub
I do not have much annual leave. — Ich habe nicht so viel Urlaub im Jahr.

3. Aus- und Weiterbildung

train [treɪn] — ausbilden, schulen
trainee [treɪˈniː] — Auszubildende(r), Lehrling, Praktikant(in)
training course [ˈtreɪnɪŋ kɔːs] — Ausbildung, Lehre, Schulung
apprentice [əˈprentɪs] — Lehrling, Auszubildende(r)
He works as an apprentice butcher. — Er ist Metzgerlehrling.
apprenticeship [əˈprentɪsʃɪp] — Lehre, Ausbildung

INFOKASTEN

Das britische Ausbildungssystem unterscheidet sich stark vom deutschen. Eine betriebliche Ausbildung ist eher selten. Den Begriff Lehre kann man mit *apprenticeship* übersetzen, wenn er in Zusammenhang mit körperlicher Arbeit oder handwerklichen Berufen steht. Im Angestelltenbereich verwendet man *traineeship.*

vocational [vəʊ'keɪʃənəl] — Berufs…
He decided to do a vocational training course. — Er hat sich für eine Berufsausbildung entschieden.

on-the-job training [ɒnðə'dʒɒb 'treɪnɪŋ] — Ausbildung am Arbeitsplatz

in-service training ['ɪnsɜːvɪs 'treɪnɪŋ] — innerbetriebliche Ausbildung

practical training ['præktɪkəl 'treɪnɪŋ] — Praktikum

internship ['ɪntɜːnʃɪp] — Praktikum, Volontariat
He completed a six-week internship with a law firm. — Er hat ein sechswöchiges Praktikum bei einer Anwaltskanzlei abgeschlossen.

retraining [riː'treɪnɪŋ] — Umschulung

scheme [skiːm] — Plan, Programm, System
Our employees participate in various training schemes. — Unsere Mitarbeiter nehmen an unterschiedlichen Ausbildungsprogrammen teil.

career [kə'rɪə] — Karriere, Laufbahn
She is very career-oriented. — Sie ist sehr karriereorientiert.

graduate ['grædʒʊət] — Hochschulabsolvent(in)

multilingual [mʌltɪ'lɪŋgwəl] — mehrsprachig

4. Aufgaben

duty ['djuːtɪ] — Aufgabe, Pflicht

function ['fʌŋkʃən] — Funktion, Aufgabe
What is her function within the company? — Was sind ihre Aufgaben innerhalb des Unternehmens?

task [tɑːsk] — Aufgabe

field of activity [fiːld əv æk'tɪvɪtɪ] — Tätigkeitsfeld

responsible for [rɪ'spɒnsəbl fɔː] — verantwortlich für

responsibility [rɪspɒnsə'bɪlətɪ] — Verantwortung

area of responsibility ['eərɪə əv rɪspɒnsə'bɪlətɪ] — Verantwortungsbereich

perform [pə'fɔːm] — leisten, erfüllen

performance [pəˈfɔːməns]	Erfüllung, Durchführung, Leistung
We will monitor your performance on a continual basis.	Wir werden ihre Leistung fortlaufend überwachen.
attend to [əˈtend tu]	sich kümmern um, erledigen
instruction [ɪnˈstrʌkʃən]	Anweisung
Your supervisor will give you instructions.	Ihr Vorgesetzter wird Ihnen Anweisungen geben.
organize [ˈɔːgənaɪz]	organisieren, planen, sorgen für
sign [saɪn]	unterschreiben
sign for [saɪn ˈfɔː]	den Empfang bestätigen
sign in [saɪn ˈɪn]	sich eintragen
sign up [saɪn ˈʌp]	(sich) verpflichten, anstellen
accountability [əkaʊntəˈbɪlətɪ]	Verantwortlichkeit
account for [əˈkaʊnt fɔː]	etwas ausmachen, etwas erklären
accountable to [əˈkaʊntəbl tuː]	jdm. verantwortlich sein
photocopy [ˈfəʊtəʊkɒpɪ]	Fotokopie, fotokopieren
hard copy [hɑːd ˈkɒpɪ]	Papierausdruck, Hardcopy
Send a hard copy of your CV to the following address.	Schicken Sie einen Ausdruck Ihres Lebenslaufes an folgende Adresse.
word processing [wɜːd ˈprəʊsesɪŋ]	Textverarbeitung
post *BE* [pəʊst], **mail** *AE* [meɪl]	Post, aufgeben, mit der Post schicken

INFOKASTEN

Im britischen Englisch wird für Begriffe aus dem Postwesen stets *post* verwendet (z.B. auch bei Zusammensetzungen wie *postbox*, Briefkasten, oder *postman*, Briefträger). Im Amerikanischen verwendet man *mail*. Beim elektronischen E-Mail-Verkehr spricht man auch im britischen Englisch von *mail*.

postage [ˈpəʊstɪdʒ]	Porto, Gebühr
postage due [ˈpəʊstɪdʒ djuː]	Strafporto, Nachporto
postcode [ˈpəʊstkəʊd]	Postleitzahl
postdate [pəʊstˈdeɪt]	vordatieren
predate [priːˈdeɪt]	vorausgehen, zurückdatieren
postmark [ˈpəʊstmɑːk]	Poststempel

Übung 1: Finden Sie 11 Begriffe rund um den Computer!

K	P	R	I	N	T	E	R	G	R	D
S	P	F	E	A	D	M	O	U	S	E
O	U	I	F	L	A	M	M	O	R	S
F	P	L	I	W	E	B	S	I	T	E
T	D	E	A	E	M	A	I	L	Q	L
W	A	H	A	R	D	W	A	R	E	C
A	T	D	S	U	T	F	W	U	R	E
R	E	G	B	A	C	C	E	S	S	T
E	F	D	O	W	N	L	O	A	D	B
M	P	L	N	O	N	L	I	N	E	V

Übung 2: Setzen Sie das richtige Wort ein!

program employer internship employees freelancer wage

skilled envelopes trainee

a) Do you have any A4 ___ left?

b) Oh no! The new ___ has crashed again.

c) She has just completed an eight-week ___ in London.

d) The new ___ is a big help with the current project.

e) She works very hard, but she only earns the minimum ___.

f) He resigned six months ago and is now working as a ___.

g) The shortage in ___ labour is growing.

h) CQ is a large ___, the firm has over 500 ___.

Übung 3: Auf dem Schreibtisch. Enträtseln Sie den Buchstabensalat und finden Sie das Lösungswort!

a) e a p p r _ _ ☐ _ _

b) p m u c o t r e _ _ _ _ _ _ ☐ _

c) a o n e t d p ☐ _ _ _ _ _ _

d) l a t c c l a r o u ☐ _ _ _ _ _ _ _ _ _

e) d y i r a _ ☐ _ _ _

f) l a s p e r t _ _ _ _ ☐ _ _

Lösung: _ _ _ _ _ _

Übung 4: Unterstreichen Sie die richtige Variante!

a) We will process / treat your order within one week.

b) I'm working in a large bureau / office.

c) John serves / operates the largest machine in the factory.

d) It is my job / work to contact our customers on a regular basis.

e) All our prices include postage / postmark and packing.

f) I'm going to ask my boss for a raise / rise.

g) If you work in an office, you are a blue-collar / white-collar worker.

Übung 5: Übersetzen Sie!

a) Stockwerk

b) Geschäftszeiten

c) jdm. verantwortlich sein

d) Lehrling

e) Bruttogehalt

f) freie Stelle

g) Locher

h) Datenschutz

KORRESPONDENZ UND TELEFONIEREN

1. Geschäftsbriefe

letter ['letə]	Brief
business letter ['bɪznɪs 'letə]	Geschäftsbrief
draft a letter [drɑːft ə 'letə]	einen Brief aufsetzen/verfassen
letterhead ['letəhed]	Briefkopf
addressee [ədre'siː]	Empfänger(in), Adressat
recipient [rɪ'sɪpɪənt]	Empfänger(in)
sender ['sendə]	Absender(in)
return to sender (RTS) [rɪ'tɜːn tə 'sendə]	zurück an Absender
correspondence [kɒrə'spɒndəns]	Briefwechsel
printed matter ['prɪntəd 'mætə]	Drucksache
confidential [kɒnfɪ'denʃəl]	vertraulich, geheim
strictly confidential ['strɪktlɪ kɒnfɪ'denʃəl]	streng vertraulich
receive [rɪ'siːv]	bekommen, erhalten, empfangen
return [rɪ'tɜːn]	zurücksenden
Return the completed application form to the following address.	Senden Sie das ausgefüllte Bewerbungsformular an folgende Adresse.
date [deɪt]	Datum
Can you suggest a suitable date?	Können Sie einen passenden Termin vorschlagen?
suitable ['suːtəbl]	passend
unsuitable [ʌn'suːtəbl]	unpassend
convenient [kən'viːnɪənt]	passend
Would Tuesday be convenient for you?	Passt Ihnen Dienstag?
inconvenient [ɪnkən'viːnɪənt]	unpassend
subject line ['sʌbdʒekt laɪn]	Betreffzeile
reference (re.) ['refrəns]	Betreff
about [ə'baʊt]	bezüglich
About our meeting next week, could we start an hour later?	Bezüglich unserer Besprechung nächste Woche, können wir eine Stunde später anfangen?

salutation [sælju'teɪʃən]	Anrede, Begrüßung
Dear Sir(s) [dɪə 'sɜː(z)]	Sehr geehrte Damen und Herren

INFOKASTEN

Wenn man mit *Dear Sir(s)* einen Geschäftsbrief beginnt, verwendet man als Schlussformel entweder *Yours faithfully* oder *Yours sincerely.* Immer öfter wird heute *Yours sincerely* bevorzugt, da es sich freundlicher anhört. In amerikanischen Geschäftsbriefen schreibt man einfach *Sincerely* oder *Sincerely yours.*

Dear Mr Smith [dɪə 'mɪstə smɪθ]	Sehr geehrter Herr Smith
complimentary close [kɒmplɪ'mentrɪ kləʊz]	Schlussformel
Yours faithfully [jɔːz 'feɪθfəlɪ]	Mit freundlichen Grüßen
Yours sincerely [jɔːz sɪn'sɪəlɪ]	Mit freundlichen Grüßen
Best regards *pl* [best rɪ'gɑːdz]	Liebe Grüße

INFOKASTEN

Bei E-Mails kann man informeller sein als bei Geschäftsbriefen und mit *Hello/Good morning* anfangen und mit *Best/Kind regards* enden.

signature ['sɪgnətʃə]	Unterschrift
enclose [ɪn'kləʊz]	beifügen
enclosure [ɪn'kləʊʒə]	Anlagc
for the attention of (Attn) [fə θɪ ə'tenʃən əv]	zu Händen von
with reference to [wɪð 'refərəns tuː]	mit Bezug auf
in reply to [ɪn rɪ'plaɪ tuː]	in Beantwortung
for your information (FYI) [fə jɔːr ɪnfə'meɪʃən]	zu Ihrer Information
with regard to [wɪð rɪ'gɑːd tuː]	bezüglich
With regard to our appointment next week, I would like to confirm the time.	Bezüglich unseres Termins nächste Woche möchte ich die Uhrzeit bestätigen.
referring to [rɪ'fɜːrɪŋ tuː]	Bezug nehmend auf

regret to inform s.b. [rɪˈgret tu ɪnˈfɔːm ˈsʌmbədɪ]	bedauern, jdm. etwas mitteilen zu müssen
confirm [kənˈfɜːm]	bestätigen
pleased to confirm [pliːzd tə kənˈfɜːm]	sich freuen, bestätigen zu können
according to [əˈkɔːdɪŋ tə]	zufolge, laut
on behalf of [ɒn bɪˈhɑːf əv]	im Namen von, im Auftrag von
acknowledge [əkˈnɒlɪdʒ]	bestätigen
acknowledge receipt of [əkˈnɒlɪdʒ rɪˈsiːt əv]	den Erhalt bestätigen
be grateful if [biː ˈgreɪtfl ɪf]	dankbar sein, wenn
look forward to [lʊk ˈfɔːwəd tuː]	sich freuen auf
I look forward to hearing from you again soon.	Ich freue mich, bald wieder von Ihnen zu hören.
hesitate [ˈhezɪteɪt]	zögern
Please do not hesitate to contact us.	Bitte zögern Sie nicht, sich mit uns in Verbindung zu setzen.
spelling [ˈspelɪŋ]	Buchstabieren, Schreibweise
sentence [ˈsentəns]	Satz
paragraph [pærəˈgrɑːf]	Absatz
page [peɪdʒ]	Seite
as follows [əz ˈfɒləʊz]	wie folgt
above-mentioned [əbʌvˈmenʃənd]	oben genannt
below [bɪˈləʊ]	unten
list [lɪst]	Liste, auflisten, aufzählen
await [əˈweɪt]	erwarten
forward [ˈfɔːwəd]	senden, schicken, weiterleiten

2. E-Mail und Fax

email [ˈiːmeɪl]	E-Mail, e-mailen
email address [ˈiːmeɪl ˈædres]	E-Mail-Adresse
send an email [send ən ˈiːmeɪl]	eine E-Mail schicken
Could you send me an email as soon as the date is confirmed.	Würden Sie mir bitte eine E-Mail schicken, sobald der Termin bestätigt wird.

receive [rɪˈsiːv]	empfangen
reply [rɪˈplaɪ]	Antwort, beantworten
delete [dɪˈliːt]	löschen
I'll have to delete all the junk mail.	Ich muss alle Spammails löschen.
mailing list [ˈmeɪlɪŋ lɪst]	Verteilerliste, Verteiler
inbox [ˈɪnbɒks]	Posteingang
incoming mail [ˈɪnkɒmɪŋ meɪl]	Posteingang
outgoing mail [ˈaʊtgəʊɪŋ meɪl]	Postausgang
draft [drɑːft]	Entwurf
attach [əˈtætʃ]	anhängen, beifügen
attachment [əˈtætʃmənt]	Anlage
asap (as soon as possible) [eɪ es eɪ ˈpiː]	so bald wie möglich, schnellstmöglich
fax [fæks]	(Tele-)Fax, faxen
Did you get my fax? No, the paper got stuck in the machine!	Haben Sie mein Fax bekommen? Nein, es gab einen Papierstau im Faxgerät!
send a fax [send ə fæks]	ein (Tele-)Fax schicken
cover sheet [ˈkʌvə ʃiːt]	Deckblatt

3. Telefonieren

phone [fəʊn]	Telefon, anrufen
telephone [ˈtelɪfəʊn]	Telefon, anrufen
mobile (phone) [ˈməʊbaɪl (fəʊn)]	Handy, Mobiltelefon

INFOKASTEN

Der im Deutschen gebräuchliche Begriff Handy für Mobiltelefon wird nicht mit dem englischen Wort *handy* übersetzt. Im Englischen wird *handy* nur als Adjektiv gebraucht und bedeutet praktisch oder gelegen. Es besteht keine direkte Beziehung zum deutschen Begriff Handy. Dieser wird im britischen Englisch mit *mobile (phone)*, im amerikanischen mit *cell phone* übersetzt.

Einige gebräuchliche Begriffe im Zusammenhang mit *mobile phone* sind:

battery	Akku	*reception*	Empfang
charger	Ladegerät	*network*	Netz
Wi-fi	WLAN	*provider*	Anbieter
text message	SMS-Nachricht	*memory*	Speicher

call [kɔːl]	Anruf, anrufen
There was a call for you from London.	Da war ein Anruf für Sie aus London.
make a call [meɪk ə ˈkɔːl]	ein Telefongespräch führen
local call [ˈləʊkl kɔːl]	Ortsgespräch
international call [ɪntəˈnæʃnəl kɔːl]	Auslandsgespräch
give s.b. a call [gɪv ˈsʌmbədɪ ə kɔːl]	jdn. anrufen
Give me a call sometime.	Ruf mich doch mal an.
caller [ˈkɔːlə]	Anrufer(in)
ring [rɪŋ]	anrufen
dial a number [daɪəl ə ˈnʌmbə]	eine Nummer wählen
mobile number [ˈməʊbaɪl ˈnʌmbə]	Handynummer
access code [ˈækses kəʊd]	Einwahlnummer
country code [ˈkʌntrɪ kəʊd]	Landesvorwahl
area code [ˈeərɪə kəʊd]	Vorwahl
extension number [ɪkˈstenʃən ˈnʌmbə]	Durchwahl
His extension number is 97.	Seine Durchwahl ist die siebenundneunzig.
unlisted [ʌnˈlɪstɪd]	nicht im Verzeichnis
Yellow Pages *pl* [ˈjeləʊ ˈpeɪdʒɪz]	die Gelben Seiten
receiver [rɪˈsiːvə]	Hörer
speak to [ˈspiːk tə]	mit jdm. sprechen
Good morning, I'd like to speak to the sales manager, please.	Guten Morgen, ich möchte bitte den Verkaufsleiter sprechen.

INFOKASTEN

Wenn Sie selbst anrufen, können Sie so vorgehen: *Good morning. This is Anna Müller from Rett. May I speak to Mr Smith please?*
Hier ist Anna Müller von Rett. Kann ich bitte Herrn Smith sprechen?

speaking [ˈspiːkɪŋ]	am Apparat, sprechend
This is Rachel Jones speaking.	Rachel Jones am Apparat.

put through [pʊt ˈθruː]	durchstellen, verbinden
Could you please put me through to the export department?	Bitte verbinden Sie mich mit der Exportabteilung.
be transferred [biː trænsˈfɜːd]	weiterverbunden werden
connect someone [kəˈnekt ˈsʌmwʌn]	jdn. verbinden
reach someone [riːtʃ ˈsʌmwʌn]	jdn. erreichen
have the wrong number [hæv ðə rɒŋ ˈnʌmbə]	falsch verbunden sein
call back [kɔːl ˈbæk]	zurückrufen
How are you? [haʊ ɑː ˈjuː]	Wie geht es Ihnen?

INFOKASTEN

Ein herzliches Willkommen ist ideal, um eine Geschäftsbeziehung zu pflegen. Bsp.: *Oh, Mr Smith, how nice to hear from you. How are things in London?* Schön, dass Sie anrufen, Herr Smith. Wie läuft's denn bei Ihnen in London? Über das Wetter kann man immer sprechen, z.B. *How's the weather in London?* (Wie ist das Wetter in London?). Meistens hört man *awful, rainy, cold and damp* als Antwort.

busy [ˈbɪzɪ]	beschäftigt, besetzt (Telefon)
I'm afraid he's busy at the moment.	Es tut mir leid, aber er ist im Moment beschäftigt.
unavailable [ʌnəˈveɪləbl]	nicht erreichbar
engaged [ɪnˈgeɪdʒd]	besetzt (Telefon), beschäftigt
He is currently engaged.	Seine Leitung ist gerade besetzt.
hold on [həʊld ˈɒn]	am Apparat bleiben, warten
hold the line [həʊld ðə ˈlaɪn]	am Apparat bleiben
Please hold the line.	Bitte bleiben Sie am Apparat.
voice-mail [ˈvɔɪsmeɪl]	Voicemail
erase [ɪˈreɪz]	löschen
To erase your message press 3.	Um Ihre Nachricht zu löschen, drücken Sie die 3.
message [ˈmesɪdʒ]	Nachricht, Mitteilung
leave a message [liːv ə ˈmesɪdʒ]	eine Nachricht hinterlassen
Would you like to leave a message for Ms Wood?	Möchten Sie für Frau Wood eine Nachricht hinterlassen?

text (message) [tekst ('mesɪdʒ)]	SMS-Nachricht
answering machine ['ɑːnsərɪŋ mə'ʃiːn]	Anrufbeantworter
Please leave a message on my answering machine.	Bitte sprechen Sie auf meinen Anrufbeantworter.
signal ['sɪgnəl]	Signalton
tone [təʊn]	Signalton
Please speak after the tone.	Bitte sprechen Sie nach dem Signalton.
take a message [teɪk ə 'mesɪdʒ]	etwas ausrichten
Can I take a message?	Kann ich etwas ausrichten?
note [nəʊt]	Notiz, Vermerk, sich notieren
I left her a note.	Ich habe ihr einen Zettel geschrieben.
spell [spel]	buchstabieren
Could you spell your name, please?	Könnten Sie bitte Ihren Namen buchstabieren?
capital A ['kæpɪtl eɪ]	großes A
small b [smɔːl biː]	kleines b
dot (.) [dɒt]	Punkt
slash (/) [slæʃ]	Schrägstrich
dash (-) [dæʃ]	Bindestrich
repeat [rɪ'piːt]	wiederholen
Could you please repeat that?	Könnten Sie das bitte wiederholen?

INFOKASTEN

So reagieren Sie, wenn Sie den Anrufer nicht verstehen: *I'm sorry, the line is very bad. I'm afraid I missed what you said. Could you please speak up/louder/more clearly?*
Es tut mir leid, aber die Verbindung ist sehr schlecht. Ich habe leider nicht alles mitbekommen. Könnten Sie bitte etwas lauter/klarer sprechen?

information [ɪnfə'meɪʃən]	Auskunft
details *pl* **of** ['diːteɪlz əv]	Einzelheiten über
reason ['riːzn]	Grund
The reason I am calling is that I urgently need to talk to you about schedules.	Der Grund meines Anrufes ist, dass ich dringend mit Ihnen über die Zeitpläne sprechen muss.

question [ˈkwestʃən]	Frage, fragen
Do you have any other questions?	Haben Sie noch irgendwelche Fragen?
query [ˈkwɪərɪ]	(Rück-)Frage
make an appointment [meɪk ən əˈpɔɪntmənt]	einen Termin vereinbaren
Please make an appointment with my assistant.	Bitte vereinbaren Sie einen Termin mit meinem Assistenten.
fix [fɪks]	festlegen
Can we fix an appointment now?	Können wir jetzt einen Termin festlegen?
contact [ˈkɒntækt]	sich (wieder) in Verbindung setzen mit, kontaktieren, Kontakt(person)
get in touch with [get ɪn ˈtʌtʃ wɪð]	sich in Verbindung setzen mit
I'll get in touch with you about the export prices very soon.	Ich setze mich umgehend mit Ihnen wegen der Exportpreise in Verbindung.
end the call [end ðə ˈkɔːl]	das Gespräch beenden
ring off [rɪŋ ˈɒf]	auflegen
goodbye [gʊdˈbaɪ]	auf Wiederhören

INFOKASTEN

Wenn Sie das Gespräch stilvoll und freundlich beenden möchten, sagen Sie:
It's been a pleasure speaking to you.
Ich habe mich gefreut, mit Ihnen zu sprechen.
Thank you, you've been most helpful.
Vielen Dank, Sie haben mir sehr weitergeholfen.
Informeller und persönlicher dagegen ist z.B.:
Well, I'll let you get on with your work, goodbye.
Ich halte Sie/dich schon zu lange von Ihrer/deiner Arbeit ab. Auf Wiederhören.
Man antwortet: *You're welcome.* Bitte! Gern geschehen.

Thank you for calling. [θæŋk juː fə ˈkɔːlɪŋ]	Vielen Dank für Ihren Anruf.
You're welcome. [jʊə ˈwelkəm]	gern geschehen, keine Ursache
Have a nice day! [hæv ə naɪs ˈdeɪ]	Einen schönen Tag noch!
regards *pl* [rɪˈgɑːdz]	Grüße
Please give my regards to Ms Wood.	Bitte grüßen Sie Frau Wood von mir.
hang up [hæŋ ˈʌp]	auflegen

BESPRECHUNGEN UND KONFERENZEN

1. Besprechungen

chat [tʃæt]	informelles Gespräch, plaudern
brainstorming [ˈbreɪnstɔːmɪŋ]	Brainstorming
meeting [ˈmiːtɪŋ]	Treffen, Besprechung, Sitzung
team meeting [tiːm ˈmiːtɪŋ]	Teammeeting
annual general meeting (AGM) [ˈænjuəl ˈdʒenərəl ˈmiːtɪŋ]	Jahreshauptversammlung
The annual general meeting will take place next week.	Die Jahreshauptversammlung findet nächste Woche statt.
conference [ˈkɒnfərəns]	Konferenz, Sitzung
board [bɔːd]	Vorstand, Direktorium
The board sets corporate strategy.	Der Vorstand bestimmt die Unternehmensstrategie.
board meeting [bɔːd ˈmiːtɪŋ]	Vorstandssitzung
call a meeting [kɔːl ə ˈmiːtɪŋ]	eine Sitzung einberufen
hold a meeting [həʊld ə ˈmiːtɪŋ]	eine Sitzung abhalten
open a meeting [ˈəʊpən ə ˈmiːtɪŋ]	eine Tagung, eine Sitzung eröffnen

INFOKASTEN

Es gibt verschiedene Möglichkeiten, eine Besprechung zu eröffnen. Wenn ein Meeting eher formeller Natur ist, sagt der/die Vorsitzende:
Ladies and Gentlemen, I declare the meeting open. Meine Damen und Herren, die Sitzung ist eröffnet.
Geht es weniger formell zu, kann man auch einfach sagen:
Right, shall we get down to business? oder *OK, let's get started.* Okay, lassen Sie uns gleich anfangen/loslegen/zur Sache kommen.

close a meeting [kləʊz ə ˈmiːtɪŋ]	eine Tagung schließen, beenden
schedule [ˈʃedjuːl]	Zeitplan, terminieren, ansetzen
reschedule [riːˈʃedjuːl]	(vor)verlegen
The meeting has been rescheduled for tomorrow.	Das Treffen ist auf morgen vorverlegt worden.
interrupt [ɪntəˈrʌpt]	unterbrechen

INFOKASTEN

Um jemanden während einer Sitzung zu unterbrechen, sollte man im Englischen höflich und vor allem indirekt sein. Mögliche Formulierungen sind:
If I may just interrupt you for a second, ...
Wenn ich Sie für einen Moment unterbrechen darf, ...
I wonder if I could just add that ... Dürfte ich kurz ergänzen, dass ...
Sorry, but could I perhaps say something at this point?
Entschuldigung, aber dürfte ich hier etwas anmerken?

delay [dɪˈleɪ]	Verspätung, Verzögerung, verzögern
postpone [pəˈspəʊn]	aufschieben, verschieben
put off [pʊt ˈɒf]	verschieben, aufschieben
cancel [ˈkænsəl]	absagen, stornieren
They cancelled the meeting at short notice.	Sie haben die Besprechung kurzfristig abgesagt.
adjourn [əˈdʒɜːn]	vertagen, unterbrechen
break off [breɪk ˈɒf]	abbrechen
attend [əˈtend]	teilnehmen
attendance [əˈtendəns]	Teilnahme
participant [pɑːˈtɪsɪpənt]	Teilnehmer(in)
participate [pɑːˈtɪsɪpeɪt]	sich beteiligen, teilnehmen
participation [pɑːtɪsɪˈpeɪʃən]	Beteiligung, Teilnahme
take place [teɪk ˈpleɪs]	stattfinden
gather [ˈgæðə]	sich treffen
chair [tʃeə]	Vorsitz, den Vorsitz führen
chairman [ˈtʃeəmən]	Vorsitzender
chairwoman [ˈtʃeəwʊmən]	Vorsitzende
chairperson [ˈtʃeəpɜːsən]	Vorsitzende(r)
agenda [əˈdʒendə]	Tagesordnung
item on the agenda [ˈaɪtəm ɒn ðɪ əˈdʒendə]	Tagesordnungspunkt
Let's move to the next item on the agenda.	Gehen wir jetzt zum nächsten Tagesordungspunkt über.
remind s.o. of sth. [rɪˈmaɪnd ˈsʌmwʌn əv ˈsʌmθɪŋ]	jdn. an etwas erinnern
minutes *pl* [ˈmɪnɪts]	Protokoll

take the minutes [teɪk ðə ˈmɪnɪts]	Protokoll führen
Who is going to take the minutes of the meeting?	Wer wird bei der Besprechung Protokoll führen?
record [ˈrekɔːd]	Aufzeichnung, Protokoll
for the record [fə ðə ˈrekɔːd]	für das Protokoll, der Ordnung halber
record [rɪˈkɔːd]	protokollieren
any other business (AOB) [ˈenɪ ˈʌðə ˈbɪznɪs]	Sonstiges
memo(randum) [ˈmeməʊ (meməˈrændəm)]	Mitteilung, Aktennotiz, Vermerk
discuss [dɪˈskʌs]	besprechen
discussion [dɪˈskʌʃən]	Besprechung
inform [ɪnˈfɔːm]	informieren
brief [briːf]	informieren, kurz
announce [əˈnaʊns]	ankündigen
let s.b. know sth. [let ˈsʌmbʌdɪ ˈnəʊ sʌmθɪŋ]	jdm. etwas mitteilen
bring sth. up [brɪŋ sʌmθɪŋ ˈʌp]	etwas zur Sprache bringen
assess [əˈses]	bewerten, (ein)schätzen
assessment [əˈsesmənt]	Beurteilung, Bewertung
remark [rɪˈmɑːk]	Bemerkung, erwähnen
comment [ˈkɒment]	Kommentar, Stellungnahme, sich äußern
contribution [kɒntrɪˈbjuːʃən]	Beitrag
make a contribution [meɪk ə kɒntrɪˈbjuːʃən]	einen Beitrag leisten
objection [əbˈdʒekʃən]	Einwand
decide [dɪˈsaɪd]	entscheiden
decision [dɪˈsɪʒən]	Entscheidung
decision making [dɪˈsɪʒən ˈmeɪkɪŋ]	Entscheidungsfindung
objective [əbˈdʒektɪv]	Ziel
motion [ˈməʊʃən]	Antrag
put forward a motion [pʊt ˈfɔːwəd ə ˈməʊʃən]	einen Antrag stellen
second a motion [ˈsekənd ə ˈməʊʃən]	einen Antrag unterstützen
ballot [ˈbælət]	Stimmabgabe

take a vote [teɪk ə ˈvəʊt]	abstimmen
We should now take a vote on this.	Wir sollten jetzt darüber abstimmen.
show of hands [ʃəʊ əv ˈhændz]	Abstimmung durch Handzeichen
in favour of [ɪn ˈfeɪvər əv]	dafür
against [əˈgenst]	dagegen
approve [əˈpruːv]	einverstanden sein, billigen
majority [məˈdʒɒrɪtɪ]	Mehrheit, Majorität
majority decision [məˈdʒɒrɪtɪ dɪˈsɪʒən]	Mehrheitsbeschluss
It was a majority decision to close the plant.	Es war ein Mehrheitsbeschluss, die Anlage zu schließen.

2. Kundengespräche und Verhandlungen

customer [ˈkʌstəmə]	Kunde/Kundin
client [ˈklaɪənt]	Kunde/Kundin
customer meeting [ˈkʌstəmə ˈmiːtɪŋ]	Kundengespräch
get down to business [get daʊn tə ˈbɪznəs]	zur Sache kommen
offer [ˈɒfə]	Angebot, anbieten
make an offer [meɪk ən ˈɒfə]	ein Angebot machen
keep an offer open [kiːp ən ˈɒfə ˈəʊpən]	ein Angebot aufrechterhalten
propose [prəˈpəʊz]	vorschlagen
proposal [prəˈpəʊzəl]	Vorschlag
negotiate [nɪˈgəʊʃɪeɪt]	verhandeln
negotiation [nɪgəʊʃɪˈeɪʃən]	Verhandlung
Negotiations have now gone into a second week.	Die Verhandlungen laufen nun schon in der zweiten Woche.
negotiation skills *pl* [nɪgəʊʃɪˈeɪʃən skɪlz]	Verhandlungsgeschick
conduct negotiations [kənˈdʌkt nɪgəʊʃɪˈeɪʃənz]	Verhandlungen führen
negotiable [nɪˈgəʊʃɪəbl]	verkäuflich, verhandelbar
The price is not negotiable.	Der Preis ist nicht verhandelbar.

deal [diːl]	Geschäft
offer a deal [ˈɒfər ə diːl]	ein Angebot machen
negotiate a deal [nɪˈgəʊʃieɪt ə diːl]	ein Geschäft aushandeln
strike a deal [straɪk ə ˈdiːl]	ein Geschäft abschließen
misunderstanding [mɪsʌndəˈstændɪŋ]	Missverständnis
see to [ˈsiː tə]	sich um etwas kümmern
look into [lʊk ˈɪntə]	etwas untersuchen
go through [gəʊ ˈθruː]	etwas überprüfen
convince [kənˈvɪns]	überzeugen
persuade [pəˈsweɪd]	überreden
compromise [ˈkɒmprəmaɪz]	Kompromiss, einen Kompromiss schließen
We are not prepared to compromise on safety standards.	Wir sind nicht bereit, bei den Sicherheitsbestimmungen Abstriche zu machen.

INFOKASTEN

Ein *compromise* (Kompromiss) wird oft ausgedrückt mit *on condition that/provided that* (vorausgesetzt, dass) oder mit *as long as* (sofern bzw. wenn im Gegenzug).
Bsp.: *We would accept the price as long as you reduce the delivery time.*
Wir könnten den Preis akzeptieren, sofern Sie die Lieferzeit verkürzen.

terms of contract *pl* [tɜːmz əv ˈkɒntrækt]	Vertragsbedingungen
meet terms [miːt ˈtɜːmz]	Bedingungen einhalten
conditions *pl* [kənˈdɪʃənz]	Bedingungen
particulars *pl* [pəˈtɪkjʊləz]	Einzelheiten
The particulars of the contract still need to be clarified.	Die Einzelheiten des Vertrags müssen noch geklärt werden.
grant a discount [grɑːnt ə ˈdɪskaʊnt]	Rabatt gewähren
find a solution [faɪnd ə səˈluːʃən]	eine Lösung finden
solve a problem [sɒlv ə ˈprɒbləm]	ein Problem lösen
provided that [prəˈvaɪdɪd ðæt]	vorausgesetzt, dass

confer [kən'fɜː]	sich mit jdm. beraten
think sth. over [θɪŋk 'sʌmθɪŋ 'əʊvə]	sich etwas überlegen
confirm [kən'fɜːm]	bestätigen
authority to decide [ɔː'θɒrətɪ tə dɪ'saɪd]	Entscheidungsbefugnis
agreement [ə'griːmənt]	Vereinbarung, Abmachung
reach an agreement [riːtʃ ən ə'griːmənt]	eine Vereinbarung treffen
sign a contract [saɪn ə 'kɒntrækt]	einen Vertrag unterschreiben
bargain ['bɑːgən]	handeln, feilschen
bargaining ['bɑːgənɪŋ]	Verhandeln, Feilschen
concession [kən'seʃən]	Zugeständnis
demand [dɪ'mɑːnd]	verlangen, fordern
call off [kɔːl 'ɒf]	absagen
The deal has been called off.	Das Geschäft ist abgesagt worden.
break down [breɪk 'daʊn]	scheitern
deadlock ['dedlɒk]	festgefahrene Situation
The strike has reached a deadlock.	Der Streik ist festgefahren.
final offer ['faɪnəl 'ɒfə]	letztes Angebot
reject [rɪ'dʒekt]	ablehnen
settlement ['setlmənt]	Abwicklung, Regelung, Abmachung
finalize ['faɪnəlaɪz]	zum Abschluss bringen, abschließen
We'll finalize the contract tomorrow.	Wir werden den Vertrag morgen abschließen.

3. Meinungen ausdrücken und argumentieren

opinion [ə'pɪnɪən]	Meinung
in my opinion [ɪn maɪ ə'pɪnɪən]	meiner Meinung nach
In my opinion this is the best solution.	Meiner Meinung nach ist dies die beste Lösung.
in my view [ɪn 'maɪ vjuː]	meiner Ansicht nach
see [siː]	verstehen, sehen
I can see his point.	Ich verstehe, was er meint.

The way I see it, … [ðə weɪ ˈaɪ siː ɪt]	meiner Ansicht nach …
personally [ˈpɜːsənəlɪ]	persönlich
Personally I think we should lower the price.	Ich persönlich glaube, dass wir den Preis reduzieren sollten.
What's your opinion? [wɒts jɔːr əˈpɪnɪən]	Was meinen Sie dazu?
What do you think? [wɒt duː ˈjuː θɪŋk]	Was meinen Sie?
agree [əˈgriː]	einverstanden sein
I completely agree with you on this point.	Bei diesem Punkt bin ich ganz Ihrer Meinung.
disagree [dɪsəˈgriː]	nicht einverstanden sein
exactly [ɪgˈzæktlɪ]	genau
That's exactly what I think.	Ich denke genauso.
precisely [prɪˈsaɪslɪ]	genau
suppose [səˈpəʊz]	annehmen, denken, meinen
I suppose you might be right.	Ich denke, Sie könnten recht haben.
suggest [səˈdʒest]	vorschlagen
claim [kleɪm]	Behauptung, behaupten
emphasize [ˈemfəsaɪz]	betonen
stress sth. [ˈstres sʌmθɪŋ]	etwas betonen
clarify [ˈklærəfaɪ]	klären, klarstellen
point out [pɔɪnt ˈaʊt]	auf etwas hinweisen

INFOKASTEN

Wenn man *emphasize*, *stress* oder *point out* verwendet, beginnt man normalerweise im Englischen mit einer abschwächenden oder vorsichtigen Einleitung, da die Bemerkung sonst als zu direkt empfunden werden kann.
Bsp.: *I would like to emphasize …* Ich möchte betonen …
I feel I must stress … Ich muss betonen …
What you said is absolutely correct, but I really have to point out that …
Sie haben absolut recht, aber ich muss darauf hinweisen, dass ...

deny [dɪˈnaɪ]	leugnen
perhaps [pəˈhæps]	vielleicht

of course [əv ˈkɔːs]	natürlich, selbstverständlich
share [ʃeə]	teilen
I cannot share your point of view.	Ich kann Ihre Ansicht nicht teilen.
doubt [daʊt]	Zweifel, bezweifeln
reject [rɪˈdʒekt]	ablehnen
Unfortunately we have to reject your offer.	Leider müssen wir Ihr Angebot ablehnen.
give in [gɪv ˈɪn]	nachgeben
pros and cons *pl* [ˈprəʊz ənd ˈkɒnz]	Pro und Kontra, Vor- und Nachteile

4. Präsentationen

present [prɪˈzent]	präsentieren, vortragen
presentation [preznˈteɪʃən]	Präsentation, Vortrag

INFOKASTEN

Bei einer Präsentation (*presentation*) kann es ratsam sein, mit einer einführenden, allgemeinen Frage oder einer kurzen, themenrelevanten Anekdote zu beginnen, um sich dadurch leichter die Aufmerksamkeit der Anwesenden zu sichern.

make a presentation [meɪk ɔ preznˈteɪʃən]	ein Präsentation durchführen
press conference [pres ˈkɒnfərəns]	Pressekonferenz
The marketing department has arranged a press conference for Monday.	Die Marketingabteilung hat für Montag eine Pressekonferenz veranlasst.
talk [tɔːk]	Vortrag, sprechen, vortragen
There are three main issues I'd like to talk about today.	Es gibt drei Hauptthemen, über die ich heute gerne sprechen möchte.
give a talk on sth. [gɪv ə tɔːk ɒn ˈsʌmθɪŋ]	einen Vortrag über etwas halten
seminar [ˈsemɪnɑː]	Seminar
workshop [ˈwɜːkʃɒp]	Workshop, Arbeitstreffen

audience [ˈɔːdɪens]	Zuschauer, Teilnehmer
facilities *pl* [fəˈsɪlətɪz]	Einrichtungen, Räumlichkeiten
Which facilities would you like to book for the presentation?	Welche Räumlichkeiten möchten Sie für Ihren Vortrag reservieren?
transparency [trænsˈpærənsɪ]	Folie
whiteboard [ˈwaɪtbɔːd]	weiße Tafel
overhead projector [ˈəʊvəhed prəˈdʒektə]	Tageslichtprojektor
projector [prəˈdʒektə]	Beamer
handout [ˈhændaʊt]	Handzettel, Tischvorlage
structure [ˈstrʌktʃə]	Aufbau, Gliederung
overview [ˈəʊvəvjuː]	Übersicht
topic [ˈtɒpɪk]	Thema
begin with [bɪˈgɪn wɪð]	anfangen mit
introduce [ɪntrəˈdjuːs]	vorstellen, einleiten
let's look at [lets ˈlʊk æt]	schauen wir auf …
let's turn to [lets ˈtɜːn tə]	wenden wir uns zu …
Now let's turn to this year's figures.	Nun wenden wir uns den Zahlen von diesem Jahr zu.
chart [tʃɑːt]	Tabelle, Schaubild
forecast [ˈfɔːkɑːst]	Prognose, Voraussage
probability [prɒbəˈbɪlətɪ]	Wahrscheinlichkeit
statistics [stəˈtɪstɪks]	Statistik
outlook [ˈaʊtlʊk]	Aussichten
cover [ˈkʌvə]	abdecken, behandeln
let's sum up [lets sʌm ˈʌp]	um zusammenzufassen …
last, but not least [ˈlɑːst bət nɒt ˈliːst]	nicht zuletzt …
Last, but not least, we also have to consider the inflation rate.	Und nicht zuletzt müssen wir auch die Inflationsrate berücksichtigen.
that brings me to the end [ðæt brɪŋz miː tə ðɪ ˈend]	damit beende ich …
summarize [ˈsʌməraɪz]	zusammenfassen
conclude [kənˈkluːd]	enden, abschließen, folgern
raise questions [reɪz ˈkwestʃənz]	Fragen stellen
Any questions? [enɪ ˈkwestʃənz]	Gibt es Fragen?

ÜBUNGEN 3

Übung 1: Markieren Sie das Wort, das nicht in die Reihe passt!

a) delay remark postpone reschedule

b) inform announce gather brief

c) conditions particulars terms minutes

d) adjourn offer suggest propose

e) object reject cancel approve

f) send delete forward reply

g) call ring dial spell

Übung 2: Ergänzen Sie die typischen Wendungen!

take regret cons regards give return behalf hesitate

a) ______ a talk on sth.

b) the pros and ______

c) ______ to sender

d) on ______ of

e) best ______, Julian

f) I ______ to inform you

g) don't ______ to contact us

h) Can I ______ a message?

Übung 3: Ordnen Sie die Synonyme richtig zu!

1. ☐ addressee	a) conference
2. ☐ subject	b) opinion
3. ☐ meeting	c) emphasize
4. ☐ participate	d) recipient
5. ☐ record	e) confirm
6. ☐ negotiate	f) minutes
7. ☐ view	g) attend
8. ☐ stress	h) bargain
9. ☐ acknowledge	i) reference

Übung 4: Unterstreichen Sie die richtige Variante!

a) The receiver / recipient of the goods is located in Canada.

b) This letter is confidential / convenient. Do not show it to your colleagues.

c) This foil / transparency shows the development of our sales figures.

d) There are 50 emails in my incoming / ingoing mail. It will take forever to check them!

e) Oh no, the beamer / projector doesn't work!

f) Did you become / receive my email yesterday?

Übung 5: Übersetzen Sie und lösen Sie das Kreuzworträtsel!

Senkrecht

2. besetzt
3. zusammenfassen
5. Vortrag
6. Nachricht

Waagerecht

1. Seite
4. Entwurf
7. Zuschauer *pl*
8. Stimmabgabe

1. Buchen und Reservieren

book [bʊk]	buchen, reservieren
booking [ˈbʊkɪŋ]	Buchung, Reservierung
reservation [rezəˈveɪʃən]	Reservierung, Vorbestellung, Vorbehalt
Would you like to make a reservation?	Möchten Sie reservieren?
reserve [rɪˈzɜːv]	reservieren (lassen)
confirm a booking [kənˈfɜːm ə ˈbʊkɪŋ]	eine Buchung bestätigen
Please confirm the booking by fax.	Bitte bestätigen Sie die Buchung per Fax.
make arrangements [meɪk əˈreɪndʒmənts]	Vorbereitungen treffen
arrange a meeting [əˈreɪndʒ ə ˈmiːtɪŋ]	eine Besprechung vereinbaren
schedule [ˈʃedjuːl]	Zeitplan, Terminplan, planen, ansetzen
The meeting is scheduled for next week.	Die Besprechung ist für nächste Woche geplant.
scheduling [ˈʃedjuːlɪŋ]	Terminplanung
diary [ˈdaɪərɪ]	Terminkalender
I will put it in my diary.	Ich trage es in meinen Terminkalender ein.
check one's diary [tʃek wʌnz ˈdaɪərɪ]	im Terminkalender nachsehen
travel agency [ˈtrævl ˈeɪdʒənsɪ]	Reisebüro
destination [destɪˈneɪʃən]	Reiseziel
arrival date [əˈraɪvl deɪt]	Ankunftsdatum
departure date [dɪˈpɑːtʃə deɪt]	Abreisedatum
itinerary [aɪˈtɪnərərɪ]	Reiseroute, Ablauf (einer Reise)
accommodation [əkɒməˈdeɪʃən]	Unterkunft
Do we need accommodation during the trade fair?	Brauchen wir während der Messe Unterkunftsmöglichkeiten?
vacancies *pl* [ˈveɪkənsɪz]	freie Zimmer
fully booked [ˈfʊlɪ bʊkt]	ausgebucht
abroad [əˈbrɔːd]	im/ins Ausland
overseas [əʊvəˈsiːz]	Übersee…, Auslands…, im Ausland

passport [ˈpɑːspɔːt]	Reisepass
valid [ˈvælɪd]	gültig
visa [ˈviːzə]	Visum
apply for a visa [əˈplaɪ fər ə ˈviːzə]	ein Visum beantragen
city centre [ˈsɪtɪ ˈsentə]	Stadtzentrum
near [nɪə]	in der Nähe von
hotel facilities *pl* [həʊˈtel fəˈsɪlətɪz]	Hoteleinrichtungen, -ausstattung
We would like to have details of your hotel's sports facilities.	Wir würden gerne Einzelheiten über die hoteleigenen Sportanlagen erfahren.
ticket [ˈtɪkɪt]	Fahrkarte
fare [feə]	Fahrpreis, Flugpreis
train ticket [treɪn ˈtɪkɪt]	Bahnfahrkarte
flight ticket [flaɪt ˈtɪkɪt]	Flugticket
single ticket [ˈsɪŋgl ˈtɪkɪt]	einfache Fahrt
return ticket [rɪˈtɜːn ˈtɪkɪt]	hin und zurück, Rückfahrkarte
I would like a first class return ticket to Manchester.	Ich möchte eine Fahrkarte erster Klasse nach Manchester, hin und zurück.
connection [kəˈnekʃən]	Verbindung, Anschluss
traveller's cheque [ˈtrævələz tʃek]	Reisescheck
business class [ˈbɪznɪs klɑːs]	erste Klasse, Business Klasse
economy class [ɪˈkɒnəmɪ klɑːs]	zweite Klasse(-Abteil)
travel allowance [ˈtrævl əˈlaʊəns]	Reisekostenvergütung
travelling expenses *pl* [ˈtrævəlɪŋ ɪkˈspensɪz]	Reisespesen
You can reclaim any travelling expenses.	Sie können jegliche Reisekosten zurückfordern.
receipt [rɪˈsiːt]	Beleg, Quittung
reimburse [riːɪmˈbɜːs]	erstatten

2. Unterwegs

airport [ˈeəpɔːt]	Flughafen
airline [ˈeəlaɪn]	Fluglinie

flight [flaɪt]	Flug
scheduled flight [ˈʃedjuːld flaɪt]	Linienflug
connecting flight [kəˈnektɪŋ flaɪt]	Anschlussflug
My connecting flight leaves in one hour.	Mein Anschlussflug fliegt in einer Stunde ab.
non-stop flight [ˈnɒnstɒp flaɪt]	Direktflug
domestic flight [dəˈmestɪk flaɪt]	Inlandsflug
take off [teɪk ˈɒf]	abfliegen, abheben
land [lænd]	landen
delay [dɪˈleɪ]	Verspätung
The flight is delayed by two hours.	Der Flug hat zwei Stunden Verspätung.
cancel [ˈkænsl]	stornieren, absagen
All flights to Heathrow have been cancelled due to bad weather.	Wegen schlechten Wetters wurden alle Flüge nach Heathrow abgesagt.
terminal [ˈtɜːmɪnəl]	Terminal, Abfertigungsgebäude
check-in [ˈtʃekɪn]	Abfertigung(sschalter), Check-In-Schalter
desk [desk]	Schalter, Rezeption
arrival lounge [əˈraɪvl laʊndʒ]	Ankunftshalle
departure lounge [dɪˈpɑːtʃə laʊndʒ]	Abflughalle
disabled access [dɪsˈeɪbld ˈækses]	behindertengerechter Zugang
gate [geɪt]	Flugsteig
boarding pass [ˈbɔːdɪŋ pɑːs]	Bordkarte
You must show your boarding pass when entering the aircraft.	Sie müssen Ihre Bordkarte beim Einsteigen in die Maschine vorzeigen.
baggage [ˈbægɪdʒ]	Gepäck
baggage claim [ˈbægɪdʒ kleɪm]	Gepäckausgabe
hand luggage [hænd ˈlʌgɪdʒ]	Handgepäck
briefcase [ˈbriːfkeɪs]	Aktentasche
announcement [əˈnaʊnsmənt]	Durchsage, Ansage
surcharge [ˈsɜːtʃɑːdʒ]	Zuschlag, Aufpreis
The airline has increased its fuel surcharge.	Die Fluggesellschaft hat ihren Treibstoffzuschlag erhöht.
public transport [ˈpʌblɪk ˈtrænspɔːt]	öffentliche Verkehrsmittel
traffic [ˈtræfɪk]	Verkehr

train [treɪn] Zug
train station [treɪn ˈsteɪʃən] Bahnhof
railway [ˈreɪlweɪ] (Eisen-)Bahn
platform *BE* [ˈplætfɔːm] Bahnsteig, Gleis
The train leaves from platform six. Der Zug fährt von Bahnsteig sechs ab.
track *AE* [træk] Bahnsteig, Gleis

INFOKASTEN

Im britischen Englisch wird für Bahnsteig/Gleis *platform* verwendet. Im amerikanischen Englisch spricht man dagegen von *track*. Bsp.: *The train is now leaving from track nine.* Auf Gleis neun fährt ab …

catch a train [kætʃ ə ˈtreɪn] einen Zug erreichen
miss a train [mɪs ə ˈtreɪn] einen Zug verpassen
change trains [tʃeɪndʒ ˈtreɪnz] umsteigen
I will have to change trains in Liverpool. Ich muss in Liverpool umsteigen.
time of arrival [taɪm əv əˈraɪvl] Ankunftszeit
expected time of arrival (ETA) [ɪksˈpektɪd taɪm əv əˈraɪvl] voraussichtliche Ankunftszeit
actual time of arrival [ˈæktʃuəl taɪm əv əˈraɪvl] (tatsächliche) Ankunftszeit
time of departure [taɪm əv dɪˈpɑːtʃə] Abflugzeit, Abfahrtszeit
waiting room [ˈweɪtɪŋ ruːm] Wartesaal
timetable [ˈtaɪmteɪbl] Fahrplan
first class [fɜːst ˈklɑːs] erste Klasse(-Abteil)
supplement [ˈsʌplɪmənt] Zuschlag
Passengers must pay a supplement for express trains. Für Schnellzüge ist ein Zuschlag zu entrichten.
left-luggage office [leftˈlʌɡɪdʒ ˈɒfɪs] Gepäckaufbewahrung
left-luggage locker [leftˈlʌɡɪdʒ ˈlɒkə] Gepäckschließfach
seat reservation [siːt resəˈveɪʃən] Platzreservierung
compartment [kəmˈpɑːtmənt] Abteil

non-smoking compartment [nɒnˈsməʊkɪŋ kəmˈpɑːtmənt]	Nichtraucherabteil
window seat [ˈwɪndəʊ siːt]	Fensterplatz
aisle seat [ˈaɪl siːt]	(zusätzlicher) Sitz im Gang
vacant [ˈveɪkənt]	frei, nicht besetzt
occupied [ˈɒkjʊpaɪd]	besetzt
taken [ˈteɪkən]	besetzt
bus [bʌs]	Bus
coach *BE* [kəʊtʃ]	Reisebus
car [kɑː]	Auto
hire a car [ˈhaɪər ə kɑː]	ein Auto mieten
car hire [kɑː ˈhaɪə]	Autovermietung
car rental [kɑː ˈrentl]	Autovermietung
driving licence *BE* [ˈdraɪvɪŋ ˈlaɪsɪns]	Führerschein
Do you have an international driving licence?	Haben Sie einen internationalen Führerschein?

INFOKASTEN

Im britischen Englisch hat man eine *driving licence.* In den USA spricht man von einer *driver's license.* Beides bedeutet Führerschein.

vehicle [ˈvɪːəkl]	Fahrzeug
insurance [ɪnˈʃʊərəns]	Versicherung
mileage charge [ˈmaɪlɪdʒ tʃɑːdʒ]	Kilometerpauschale
rental charge [ˈrentl tʃɑːdʒ]	Mietgebühr
What is the rental charge per day?	Wie hoch ist die Mietgebühr pro Tag?
right-hand drive car [ˈraɪthænd draɪv ˈkɑː]	Rechtslenker
car park [ˈkɑː pɑːk]	Parkplatz
no parking [nəʊ ˈpɑːkɪŋ]	Parkverbot
motorway *BE* [ˈməʊtəweɪ]	Autobahn

INFOKASTEN

In Großbritannien heißt es *motorway*, in den USA *interstate* für Autobahn.

breakdown ['breɪkdaʊn]	Panne
petrol ['petrəl]	Benzin

> **INFOKASTEN**
>
> Im britischen Englisch übersetzt man Benzin mit *petrol*, im Amerikanischen hingegen mit *gasoline* oder hiervon verkürzt *gas*. Beides bezeichnet denselben Treibstoff (*fuel*).

petrol station ['petrəl 'steɪʃən]	Tankstelle
diesel ['diːzl]	Diesel(kraftstoff)
fill up [fɪl 'ʌp]	volltanken
unleaded (petrol) [ʌn'ledɪd ('petrəl)]	bleifrei, bleifreies Benzin
speed limit [spiːd 'lɪmɪt]	erlaubte Höchstgeschwindigkeit
The speed limit on British motorways is 70 mph.	Die erlaubte Höchstgeschwindigkeit auf britischen Autobahnen beträgt 70 Meilen pro Stunde (112 km/h).
underground *BE* ['ʌndəgraʊnd]	U-Bahn
subway *AE* ['sʌbweɪ]	U-Bahn

> **INFOKASTEN**
>
> Im amerikanischen Englisch heißt U-Bahn *subway*, im britischen Englisch sagt man *underground* – mit Ausnahme der Londoner U-Bahn, die als *tube* bezeichnet wird.

taxi *BE* ['tæksɪ], **cab** *AE* [kæb]	Taxi
taxi rank ['tæksɪ ræŋk]	Taxistand

3. Im Hotel

hotel reception [həʊ'tel rɪ'sepʃən]	Rezeption, Empfang
check in [tʃek 'ɪn]	sich anmelden
check out [tʃek 'aʊt]	abreisen
single room ['sɪŋgl ruːm]	Einzelzimmer

double room [ˈdʌbl ruːm]	Doppelzimmer
Please quote us for three double rooms on a bed and breakfast basis for a period of four nights.	Bitte nennen Sie uns Ihren Tarif für drei Doppelzimmer mit Übernachtung und Frühstück für vier Nächte.
bed and breakfast [bed ən ˈbrekfəst]	Zimmer mit Frühstück, Übernachtung und Frühstück
half-board [hɑːfˈbɔːd]	Halbpension
ensuite room [ɒnˈswiːt ruːm]	Zimmer mit Bad
floor [flɔː]	Etage
bill [bɪl], **check** *AE* [tʃek]	Rechnung
Please send all bills to our company for payment.	Bitte schicken Sie zwecks Begleichung alle Rechnungen an unsere Firma.
settle the bill [ˈsetl ðə bɪl]	die Rechnung begleichen
price per night [praɪs pə ˈnaɪt]	Preis pro Nacht
corporate rates *pl* [ˈkɔːpərət reɪts]	Firmentarife, Business Tarife
Please let us have details of your corporate rates for the accommodation requested.	Bitte schicken Sie uns für die gewünschte Unterbringung Einzelheiten Ihrer Firmentarife.
stay [steɪ]	Aufenthalt
room key [ˈruːm kiː]	Zimmerschlüssel
on the first floor [ɒn ðə ˈfɜːst flɔː]	auf der ersten Etage
lift *BE* [lɪft], **elevator** *AE* [ˈeləveɪtə]	Aufzug
restaurant [ˈrestrɒnt]	Restaurant
menu [ˈmenjuː]	Speisekarte
breakfast [ˈbrekfəst]	Frühstück

INFOKASTEN

Beim Hotelfrühstück wählt man üblicherweise zwischen einem *continental breakfast* mit Kaffee, Brötchen, Croissant usw. und einem *full English breakfast*, das eher sättigend ist und *coffee, tea, muesli, porridge, sausages, fried or scrambled eggs, bacon, fried mushrooms, grilled tomatoes, baked beans*, oft auch *kippers* (warme Räuchermakrelen) sowie mehrere Scheiben *toast* mit *marmalade* (Bitterorangenmarmelade) umfasst.

breakfast buffet [ˈbrekfəst ˈbʊfeɪ]	Frühstücksbuffet
included [ɪnˈkluːdəd]	eingeschlossen, inbegriffen

opening times *pl* ['əʊpnɪŋ taɪmz]	Öffnungszeiten
What are the opening times for the hotel restaurant?	Wann hat das Hotelrestaurant geöffnet?
lounge bar ['laʊndʒ bɑː]	Bar
room service [ruːm 'sɜːvɪs]	Zimmerservice
parking facilities *pl* ['pɑːkɪŋ fə'sɪlətɪz]	Parkplätze
equipped with [ɪ'kwɪpt wɪð]	ausgestattet mit
tip [tɪp]	Trinkgeld
porter ['pɔːtə]	Portier, Hoteldiener

4. Geschäftsessen/Smalltalk

business lunch ['bɪznəs lʌntʃ]	Geschäftsessen (Mittag)
dinner ['dɪnə]	Geschäftsessen (Abend)
invite [ɪn'vaɪt]	einladen
invitation [ɪnvɪ'teɪʃən]	Einladung
accept an invitation [ək'sept ən ɪnvɪ'teɪʃən]	eine Einladung annehmen
turn down an invitation [tɜːn daʊn ən ɪnvɪ'teɪʃən]	eine Einladung ablehnen
Due to my busy schedule, I'm sorry I must turn down your kind invitation to lunch.	Auf Grund meines vollen Terminkalenders muss ich Ihre freundliche Einladung zum Mittagessen leider ablehnen.
restaurant ['restrɒnt]	Restaurant
book a table [bʊk ə 'teɪbl]	einen Tisch reservieren
hospitality [hɒspɪ'tælətɪ]	Gastfreundlichkeit
handshake ['hændʃeɪk]	Handschlag, Händeschütteln
meet [miːt]	sich treffen, kennenlernen
Let's meet in the bar at 8 p.m.	Treffen wir uns um 20 Uhr in der Bar.
introduce oneself [ɪntrə'djuːs wʌn'self]	sich vorstellen
I don't think we've met. Please allow me to introduce myself.	Ich glaube, wir kennen uns noch nicht. Darf ich mich Ihnen deshalb vorstellen.
introduce someone [ɪntrə'djuːs 'sʌmwʌn]	jemanden vorstellen

on first-name terms [ɒn ˈfɜːstneɪm tɜːmz]	per Du

INFOKASTEN

Wenn Sie sich bei einem englischsprachigen Geschäftspartner vorstellen, nennen Sie Ihren Vor- und Nachnamen. Seien Sie nicht überrascht, wenn Sie gleich mit dem Vornamen angesprochen werden. Dies ist durchaus üblich, auch bei Geschäftstelefonaten.

be pleased [bi ˈpliːzd]	sich freuen
I'm very pleased to meet you.	Angenehm (Ihre Bekanntschaft zu machen).
business card [ˈbɪznəs kɑːd]	Visitenkarte, Geschäftskarte
seating plan [ˈsiːtɪŋ plæn]	Sitzplan, Sitzordnung
drinks *pl* [drɪŋks]	Getränke
Would you like to order some drinks?	Möchten Sie Getränke bestellen?
starter [ˈstɑːtə]	Vorspeise
main course [ˈmeɪn kɔːs]	Hauptgang, Hauptgericht
dessert [dɪˈzɜːt]	Nachtisch
bill [bɪl], **check** *AE* [tʃek]	Rechnung
Could I have the bill, please?	Die Rechnung bitte.
credit card [ˈkredɪt kɑːd]	Kreditkarte
I would like to pay by credit card.	Ich möchte mit Kreditkarte bezahlen.
small talk [ˈsmɔːl tɔːk]	Smalltalk, Tischgespräch
Suitable subjects for small talk are weather, travel and accommodation.	Passende Themen für den Smalltalk sind das Wetter, Reisen und die Unterkunft.
a pleasant flight [ə ˈpleznt flaɪt]	einen angenehmer Flug
Did you have a pleasant flight?	Hatten Sie einen angenehmen Flug?
a comfortable hotel [ə ˈkʌmftəbl həʊˈtel]	ein angenehmes Hotel, eine gute Unterbringung
weather [ˈweðə]	Wetter
The weather is unusually warm for this time of year.	Das Wetter ist ungewöhnlich warm für diese Jahreszeit.
sight [saɪt]	Sehenswürdigkeit
Are there any famous sights which I could visit?	Gibt es hier bekannte Sehenswürdigkeiten, die ich besuchen könnte?

1. Grundbegriffe

economy [ɪˈkɒnəmɪ]	Wirtschaft, Ökonomie
The world economy is in good shape.	Die Weltwirtschaft läuft gut.
industrial economy [ɪnˈdʌstrɪəl ɪˈkɒnəmɪ]	Industriewirtschaft
global economy [ˈgləʊbəl ɪˈkɒnəmɪ]	Weltwirtschaft
free market economy [friː ˈmɑːkɪt ɪˈkɒnəmɪ]	freie Marktwirtschaft
social market economy [ˈsəʊʃəl ˈmɑːkɪt ɪˈkɒnəmɪ]	soziale Marktwirtschaft
national economy [ˈnæʃənəl ɪˈkɒnəmɪ]	Volkswirtschaft
world economy [wɜːld ɪkˈɒnəmɪ]	Weltwirtschaft

INFOKASTEN

Staaten werden wirtschaftlich nach verschiedenen Entwicklungsstadien gruppiert. Die wichtigsten Kategorien sind:

industrial country	Industrieland
developed country	Industrieland
developing country	Entwicklungsland
newly industrialised country	Schwellenland

economics [iːkəˈnɒmɪks]	Volkswirtschaftslehre, Ökonomie
economist [ɪˈkɒnəmɪst]	Volkswirtschaftler(in)
Keynes was a famous economist.	Keynes war ein berühmter Volkswirtschaftler.
globalization [gləʊbəlaɪˈzeɪʃən]	Globalisierung
Globalization presents numerous challenges.	Die Globalisierung stellt uns vor zahlreiche Herausforderungen.
global market [ˈgləʊbəl ˈmɑːkɪt]	globaler Markt
domestic [dəˈmestɪk]	Innen…, Inlands…, Binnen…
home market [həʊm ˈmɑːkɪt]	Binnenmarkt

protectionism [prəˈtekʃənɪzm]	Protektionismus
Import duties are a form of protectionism.	Einfuhrzölle sind eine Art Protektionismus.
economize [ɪˈkɒnəmaɪz]	haushalten, sparen
We will have to economize on manpower due to rising wage levels.	Auf Grund steigender Löhne werden wir Arbeitskräfte einsparen müssen.
economy measure [ɪˈkɒnəmɪ ˈmeʒə]	Sparmaßnahme
economy drive [ɪˈkɒnəmɪ draɪv]	Sparkurs
economic/al [iːkəˈnɒmɪk/əl]	wirtschaftlich, sparsam, rentabel
This fridge has especially economical energy consumption.	Dieser Kühlschrank hat einen besonders sparsamen Energieverbrauch.

INFOKASTEN

Economical oder *economic* bedeuten beide wirtschaftlich und preiswert. In Zusammensetzungen, wie z.B. *economic figures* (die Wirtschaftszahlen) oder *economic targets* (Wirtschaftsziele), wird nur *economic* verwendet und zwar in der Bedeutung wirtschaftlich. Bei Zusammensetzungen heißt es dann Wirtschafts… .

uneconomical [ʌniːkəˈnɒmɪkəl]	unwirtschaftlich, unökonomisch
It would be uneconomical to repair this printer.	Es wäre unwirtschaftlich, diesen Drucker zu reparieren.
profitability [prɒfɪtəˈbɪlɪtɪ]	Rentabilität
profitable [ˈprɒfɪtəbl]	rcntabel
We focus on our most profitable businesses.	Wir konzentrieren uns auf unsere rentabelsten Geschäfte.

INFOKASTEN

Es gibt verschiedene Synonyme für *profitable*, z.B.:

productive	produktiv, ertragreich	*remunerative*	einträglich
rewarding	lohnend	*lucrative*	lukrativ

unprofitable [ʌnˈprɒfɪtəbl]	wenig einträglich, unrentabel
division of labour [dɪˈvɪʒən əv ˈleɪbə]	Arbeitsteilung

2. Wirtschaftspolitik/Volkswirtschaftslehre

economic policy [iːkəˈnɒmɪk ˈpɒləsɪ]	Wirtschaftspolitik
economic indicators *pl* [iːkəˈnɒmɪk ˈɪndɪkeɪtəz]	Wirtschaftsindikatoren
balance of trade [ˈbæləns əv ˈtreɪd]	Handelsbilanz
balance of payments [ˈbæləns əv ˈpeɪmənts]	Zahlungsbilanz
A country's balance of payments covers all economic transactions with all other countries.	Die Zahlungsbilanz eines Landes beinhaltet alle wirtschaftlichen Aktivitäten mit allen anderen Ländern.
trade surplus [treɪd ˈsɜːpləs]	Handelsüberschuss
trade deficit [treɪd ˈdefɪsɪt]	Handelsdefizit
net [net]	netto, Netto…
gross [grəʊs]	brutto, Brutto…
Gross Domestic Product (GDP) [grəʊs dəˈmestɪk ˈprɒdʌkt]	Bruttoinlandsprodukt (BIP)
In 2005 GDP rose by 4%.	2005 stieg das Bruttoinlandsprodukt um 4 %.
Gross National Product (GNP) [grəʊs ˈnæʃənəl ˈprɒdʌkt]	Bruttosozialprodukt (BSP)
inflation [ɪnˈfleɪʃən]	Inflation
Inflation erodes the value of savings.	Die Inflation zehrt den Wert von Spargeldern auf.
inflation rate [ɪnˈfleɪʃən reɪt]	Inflationsrate
curb inflation [kɜːb ɪnˈfleɪʃən]	die Inflation zügeln
The central bank has taken steps to curb the rising inflation.	Die Zentralbank hat Schritte unternommen, um die steigende Inflation zu zügeln.
deflation [dɪˈfleɪʃən]	Deflation
adjust [əˈdʒʌst]	anpassen, angleichen
The figures have been adjusted for inflation.	Die Zahlen sind inflationsbereinigt.
unemployment [ʌnɪmˈplɔɪmənt]	Arbeitslosigkeit
market forces *pl* [ˈmɑːkɪt ˈfɔːsɪz]	Marktkräfte

3. Wirtschaftssektoren

sector ['sektə]	Sektor, Branche
primary sector ['praɪmərɪ 'sektə]	primärer Wirtschaftssektor
agriculture ['ægrɪkʌltʃə]	Landwirtschaft, Ackerbau
agricultural [ægrɪ'kʌltʃərəl]	landwirtschaftlich
farming ['fɑːmɪŋ]	Landwirtschaft
mining industry ['maɪnɪŋ 'ɪndəstrɪ]	Bergbau
secondary sector [sekəndərɪ 'sektə]	sekundärer Wirtschaftssektor
industry ['ɪndəstrɪ]	Industrie, Branche
industrial [ɪn'dʌstrɪəl]	industriell, Industrie…
manufacturing sector [mænju'fæktʃərɪŋ 'sektə]	verarbeitender Sektor
manufacture [mænju'fæktʃə]	Herstellung, herstellen, produzieren
production [prə'dʌkʃən]	Herstellung, Produktion
semi-finished goods *pl* ['semɪfɪnɪʃt gʊdz]	Halberzeugnisse
finished product ['fɪnɪʃt 'prɒdʌkt]	Endprodukt, Fertigprodukt
The finished product must be free from defects.	Das Endprodukt muss fehlerfrei sein.
tertiary sector ['tɜːʃərɪ 'sektə]	tertiärer Sektor
service ['sɜːvɪs]	Dienstleistung
service sector ['sɜːvɪs 'sektə]	Dienstleistungssektor

INFOKASTEN

Beispiele für Dienstleistungsbereiche sind z.B.:

wholesale and retail	Groß- und Einzelhandel
tourism	Tourismus
transport	Transportwesen
broadcasting media	Rundfunk und Fernsehen
event and conference organisation	Veranstaltungs- und Eventorganisation
healthcare	Gesundheitsvorsorge
insurance	Versicherungswesen
education and training	Aus- und Weiterbildung
advertising and marketing	Werbung und Marketing

public sector ['pʌblɪk 'sektə]	öffentlicher Sektor
private sector ['praɪvɪt 'sektə]	Privatwirtschaft

4. Konjunktur

economic cycle [i:kə'nɒmɪk 'saɪkl]	Konjunktur(zyklus)
economic upturn [i:kə'nɒmɪk 'ʌptɜ:n]	Konjunkturbelebung
economic boom [i:kə'nɒmɪk bu:m]	Konjunkturaufschwung
boom [bu:m]	Aufschwung, Hochkonjunktur
China is experiencing an economic boom.	Die chinesische Wirtschaft erlebt eine Hochkonjunktur.
boost [bu:st]	ankurbeln, fördern
Tax cuts can boost the economy.	Steuersenkungen können die Wirtschaft ankurbeln.
grow [grəʊ]	wachsen, zunehmen
growth [grəʊθ]	Wachstum, Zunahme
economic growth [i:kə'nɒmɪk 'grəʊθ]	Wirtschaftswachstum
Since 2010 the country has enjoyed steady economic growth.	Seit 2010 erfreut sich das Land eines kontinuierlichen Wirtschaftswachstums.

INFOKASTEN

Man spricht von der Konjunktur oft wie von einem Patienten.
Bsp.: *The economy is ailing.* Die Wirtschaft kränkelt momentan.
The economy is now stable. Die Wirtschaftslage ist jetzt stabil.
The economic figures are showing signs of weakness.
Die Wirtschaftszahlen zeigen sich schwach.
The economy is recovering slowly/is recuperating.
Die Wirtschaft erholt sich langsam/gesundet.

growth rate ['grəʊθ reɪt]	Wachstumsrate
year's high [jɪəz 'haɪ]	Jahreshöchststand

soar [sɔː]	in die Höhe schnellen
Profits have soared this year.	Die Gewinne sind dieses Jahr in die Höhe geschnellt.
peak [piːk]	Hochpunkt, den Höhepunkt erreichen
remain stable [rɪˈmeɪn steɪbl]	stabil bleiben
stability [stəˈbɪlɪtɪ]	Stabilität
economic stagnation [iːkəˈnɒmɪk stægˈneɪʃən]	Wirtschaftsstagnation
economic downturn [iːkəˈnɒmɪk ˈdaʊntɜːn]	Konjunkturrückgang
economic slump [iːkəˈnɒmɪk slʌmp]	Konjunktureinbruch
slump [slʌmp]	drastisch zurückgehen, Einbruch
Sales have really slumped recently.	Vor Kurzem sind die Umsätze drastisch zurückgegangen.
recession [rɪˈseʃən]	Rezession
lull [lʌl]	Flaute
low [ləʊ]	niedrig, gering, Tiefstand
tackle [tækl]	angehen, in Angriff nehmen
The government is tackling the problem of low growth.	Die Regierung geht das Problem des niedrigen Wachstums an.
bottom [ˈbɒtəm]	Tiefpunkt, Tiefstand
bottom out [ˈbɒtəm ˈaʊt]	den Tiefpunkt erreichen
When will the market bottom out?	Wann wird der Markt den Tiefpunkt erreichen?
decline [dɪˈklaɪn]	zurückgehen, ablehnen
decline in prices [dɪˈklaɪn ɪn ˈpraɪsəz]	Preisverfall
decrease [ˈdɪkriːs]	Abnahme, Rückgang
decrease in demand [ˈdɪkriːs ɪn dɪˈmɑːnd]	Nachfragerückgang
decrease [dɪˈkriːs]	abnehmen, nachlassen
fall [fɔːl]	Rückgang, zurückgehen, sinken, fallen
Demand has fallen significantly.	Die Nachfrage ist stark gesunken.
recover [rɪˈkʌvə]	sich erholen
Exports recovered in the first quarter.	Im ersten Quartal erholten sich die Exportzahlen.

economic recovery [i:kəˈnɒmɪk rɪˈkʌvərɪ]	Konjunkturaufschwung, Erholung
stage a recovery [ˈsteɪdʒ ə rɪˈkʌvərɪ]	sich erholen, eine Erholung einleiten
rally [ˈrælɪ]	Aufschwung, Erholung
reflate [ri:ˈfleɪt]	ankurbeln
reflation [ri:ˈfleɪʃən]	Reflation, Ankurbelung der Konjunktur
economic forecast [i:kəˈnɒmɪk ˈfɔ:kɑ:st]	Konjunkturprognose
Their economic forecast for the third quarter is positive.	Ihre Konjunkturprognose für das dritte Quartal ist positiv.
short-term forecast [ˈʃɔ:ttɜ:m ˈfɔ:kɑ:st]	kurzfristige Prognose
long-term forecast [ˈlɒŋtɜ:m ˈfɔ:kɑ:st]	langfristige Prognose
make a forecast [meɪk ə ˈfɔ:kɑ:st]	voraussagen
predict [prɪˈdɪkt]	vorhersagen
The reports predict an increase in demand for smartphones.	Die Berichte sagen einen Nachfrageanstieg bei Smartphones voraus.
make a prediction [meɪk ə prɪˈdɪkʃən]	eine Vorhersage machen
economic outlook [i:kəˈnɒmɪk ˈaʊtlʊk]	Konjunkturaussichten
The outlook for the world economy is strong.	Die Aussichten für die Weltwirtschaft sind gut.
quarter [ˈkwɔ:tə]	Quartal, Viertel
trend [trend]	Verlauf, Entwicklung
upward trend [ˈʌpwəd trend]	Aufwärtsbewegung, Konjunkturanstieg
The economy has shown an upward trend of late.	Die Wirtschaft hat kürzlich einen Aufwärtstrend aufgewiesen.
show a trend [ʃəʊ ə ˈtrend]	einen Trend zeigen
downturn [ˈdaʊntɜ:n]	Abschwung, Abwärtstrend
downward trend [ˈdaʊnwəd trend]	Abwärtstrend
The economy is showing a downward trend.	Die Wirtschaft weist einen Abwärtstrend auf.

Übung 1: Finden Sie 8 Begriffe zum Thema Hotel!

L	U	I	R	S	E	R	V	I	C	E	R
U	A	T	E	E	U	L	O	U	N	G	E
L	B	U	N	E	C	O	N	N	O	E	F
I	E	A	N	I	R	E	A	N	A	E	L
R	N	O	T	D	O	M	P	N	T	N	O
I	S	N	B	W	R	S	D	T	I	O	O
A	U	E	I	X	V	Y	D	G	I	A	R
P	I	R	L	F	K	O	E	K	Y	O	E
B	T	O	L	L	I	U	S	E	O	O	N
D	E	E	R	O	H	L	G	Y	I	Y	F

Übung 2: Setzen Sie das richtige Wort ein. Achten Sie bei Verben auf die richtige Zeitform!

business cards | to book | by | charge | to confirm | pleased | to turn down | to schedule

a) I'd like ________ a table for 6 people for tomorrow at one o'clock.

b) Joseph just ________ my invitation to lunch next week. He's away on business in Singapore.

c) I'm very ________ to meet you.

d) At a business meeting, the exchange of ________ is normal practice.

e) I'd like to pay ________ credit card.

f) What is the rental ________ of this car per week?

g) The meeting in London ________ for next Tuesday.

h) Please ________ the booking by email.

Übung 3: Übersetzen Sie!

a) Reisekosten		e) Unterkunft	
b) erstatten		f) Fahrpreis	
c) Ankunftsdatum		g) Anschlussflug	
d) Bahnfahrkarte		h) Gepäckausgabe	

Übung 4: Wie lauten die Begriffe zur Wirtschaft? Finden Sie das Lösungswort!

a) r a k t e m _ _ _ _ _ ☐

b) p u l r s s u _ _ ☐ _ _ _ _

c) t a r i p e b l o f _ _ _ _ _ _ ☐ _ _ _

d) s t i r u d n y _ _ ☐ _ _ _ _ _

e) n e o m y c o ☐ _ _ _ _ _ _

Lösung: _ _ _ _ _

Übung 5: Bilden Sie zusammengesetzte Begriffe!

1. ☐ economic	a) rate
2. ☐ global	b) sector
3. ☐ trade	c) cycle
4. ☐ inflation	d) trend
5. ☐ primary	e) deficit
6. ☐ upward	f) economy

Übung 6: Wie lauten die Substantive zu den Verben?

a) cancel		d) invite	
b) depart		e) grow	
c) reserve		f) decrease	

1. Produkt

product [ˈprɒdʌkt]	Produkt
finished product [ˈfɪnɪʃt ˈprɒdʌkt]	Endprodukt
product range [ˈprɒdʌkt ˈreɪndʒ]	Produktpalette
We can offer you a wide range of products.	Wir können Ihnen eine große Produktpalette anbieten.
goods *pl* [gʊdz]	Waren, Güter
semi-finished goods *pl* [ˈsemɪfɪnɪʃt gʊdz]	Halbfertigfabrikate
finished goods *pl* [ˈfɪnɪʃt gʊdz]	Fertigfabrikate
The finished goods are destined for the export market.	Die Fertigfabrikate sind für den Exportmarkt bestimmt.
bulk goods *pl* [ˈbʌlk gʊdz]	Massengüter
consumer goods *pl* [kənˈsjuːmə gʊdz]	Verbrauchsgüter
durable consumer goods *pl* [ˈdjʊərəbl kənˈsjuːmə gʊdz]	langlebige Gebrauchsgüter

INFOKASTEN

Durable consumer goods wird oft als *durables* abgekürzt und als Oberbegriff für alle größeren Haushaltsgüter wie *washing machines, refrigerators, dishwashers, cookers,* usw. verwendet. Man spricht bei solchen Gütern und Waren von *white goods,* während Wohnzimmerwaren wie Fernseher oder Stereogeräte als *brown goods* bezeichnet werden.

manufactured goods *pl* [mænjʊˈfæktʃəd gʊdz]	Fabrikwaren
commodity [kəˈmɒdɪtɪ]	Ware, Bedarfsartikel
grade [greɪd]	Qualität, Güteklasse
kite mark *BE* [ˈkaɪt mɑːk]	Gütezeichen
quality [ˈkwɒlɪtɪ]	Qualität
Our products are of the highest quality.	Unsere Produkte sind von höchster Qualität.

quality assurance ['kwɒlɪtɪ ə'sʊərəns]	Qualitätssicherung
item ['aɪtəm]	Stück, Gegenstand, Punkt
class of goods ['klɑːs əv 'gʊdz]	Warenart, Klasse
logo ['ləʊgəʊ]	Logo, Emblem
All our goods carry the same logo.	Alle unsere Waren haben dasselbe Logo.
design [dɪ'zaɪn]	Design, Muster, entwerfen, zeichnen
feature ['fiːtʃə]	Merkmal, Eigenschaft, Besonderheit
equip [ɪ'kwɪp]	ausrüsten, ausstatten
be equipped with [biː ɪ'kwɪpt wɪð]	verfügen über, ausgestattet sein mit
We are well equipped to meet our customers' demands.	Wir sind durchaus in der Lage, die Anforderungen unserer Kunden zu erfüllen.
equipment [ɪ'kwɪpmənt]	Ausrüstung, Geräte, Ausstattung

INFOKASTEN

Equipment ist eines von vielen wichtigen Substantiven, die im Deutschen zählbar, im Englischen aber nicht zählbar sind. Man darf also nicht *equipments* sagen, sondern spricht von *pieces/items of equipment*. Andere, im Englischen unzählbare Substantive sind *information, advice, furniture, interest* (Zinsen), *knowledge* und *progress*. „Wir haben viele Informationen" wird mit *We have a lot of information* übersetzt.

handmade ['hændmeɪd]	handgearbeitet
ready-made [redɪ'meɪd]	gebrauchsfertig, Fertig…
custom-made ['kʌstəmmeɪd]	maßgefertigt
made to order [meɪd tə 'ɔːdə]	auf Bestellung, kundenspezifisch
We sell made-to-order clothes.	Wir verkaufen maßgeschneiderte Kleidung.
made to specification ['meɪd tə spesɪfɪ'keɪʃən]	Sonderanfertigung
innovation [ɪnə'veɪʃən]	Neuerung, Innovation
innovative ['ɪnəveɪtɪv]	neuartig, innovativ
Our success is based on seeking innovative solutions.	Unser Erfolg basiert auf der Suche nach innovativen Lösungen.

component [kəm'pəʊnənt]	Bestandteil, Komponente
specifications *pl* [spesɪfɪ'keɪʃənz]	technische Daten, technische Beschreibung
operating instructions *pl* ['ɒpəreɪtɪŋ ɪn'strʌkʃənz]	Bedienungsanleitung

2. Produktion

produce [prə'dju:s]	produzieren, herstellen
We produce high-quality turbines.	Wir stellen hochwertige Turbinen her.
producer [prə'dju:sə]	Hersteller(in), Produzent(in)
production [prə'dʌkʃən]	Herstellung, Produktion
step up production ['step ʌp prə'dʌkʃən]	die Produktion steigern
speed up ['spi:d ʌp]	beschleunigen
mass production [mæs prə'dʌkʃən]	Massenproduktion
labour-intensive production ['leɪbərɪntensɪv prə'dʌkʃən]	arbeitsintensive Produktion
labour-saving ['leɪbə 'seɪvɪŋ]	arbeitssparend
lean production [li:n prə'dʌkʃən]	verschlankte Produktion
streamline ['stri:mlaɪn]	rationalisieren, bereinigen
They have become more profitable by streamlining their production processes.	Sie sind durch die Rationalisierung ihrer Herstellungsabläufe rentabler geworden.
just-in-time [dʒʌstɪn'taɪm]	just-in-time
Just-in-time production techniques can produce large efficiency gains.	Just-in-time-Methoden bei der Produktion können zu großen Effizienzgewinnen führen.
production line [prə'dʌkʃən 'laɪn]	Fließband, Produktionslinie
production plant [prə'dʌkʃən 'plɑ:nt]	Produktionsanlage
production facilities *pl* [prə'dʌkʃən fə'sɪlɪtɪz]	Produktionseinrichtungen
works ['wɜ:ks]	Werk, Fabrik
factory ['fæktərɪ]	Fabrik, Werk
assemble [ə'sembəl]	zusammenbauen, montieren

assembly line [ə'semblı 'laın]	Fließband, Montageband
mechanical [mı'kænıkəl]	mechanisch
tool [tu:l]	Werkzeug
spares *pl* ['speəz]	Ersatzteile
manufacture [mænjʊ'fæktʃə]	Herstellung, herstellen
manufacturer [mænjʊ'fæktʃərə]	Hersteller(in)
manufacturing [mænjʊ'fæktʃərıŋ]	Erzeugung, Herstellung
planning ['plænıŋ]	Planung
processing ['prəʊsesıŋ]	Verarbeitung, Bearbeitung, Veredelung
completion [kəm'pli:ʃən]	Fertigstellung
turn out [tɜ:n 'aʊt]	produzieren, hervorbringen
They have been turning out quality devices for many years.	Sie produzieren seit vielen Jahren qualitativ hochwertige Geräte.
specialize in ['speʃəlaız ın]	sich spezialisieren auf
standard ['stændəd]	Standard, Norm
standardize ['stændədaız]	vereinheitlichen, normen, normieren
batch [bætʃ]	Serie, Los
lot [lɒt]	Posten
series ['sıəri:z]	Serie, Reihe
operate ['ɒpəreıt]	in Betrieb sein, bedienen, betätigen
He operates heavy machinery.	Er bedient schwere Maschinen.
operator ['ɒpəreıtə]	Vermittlung, Bedienungsperson, Arbeiter(in)
raw material [rɔ: mə'tıərıəl]	Rohstoff
Wood is our most important raw material.	Holz ist unser wichtigster Rohstoff.
by-product ['baıprɒdʌkt]	Nebenprodukt, Abfallprodukt
recycle [rı'saıkl]	wieder verwerten, recyceln
label ['leıbl]	Etikett, Schild, etikettieren
final control ['faınəl kən'trəʊl]	Endkontrolle
A defect was discovered during the final control.	Während der Endkontrolle wurde ein Fehler entdeckt.
quality control ['kwɒlıtı kən'trəʊl]	Qualitätskontrolle
sampling procedure ['sɑ:mplıŋ prə'si:dʒə]	Stichprobenverfahren
inspect [ın'spekt]	kontrollieren, prüfen
ensure [ın'ʃʊə]	sichern, sicherstellen

tighten [ˈtaɪtən] — verstärken, verschärfen
They have tightened controls since the error. — Sie haben die Kontrollen seit dem Fehler verschärft.

recall [rɪˈkɔːl] — Rückruf, zurückrufen
Many products have been recalled due to a technical fault. — Viele Produkte sind wegen eines technischen Defekts zurückgerufen worden.

lead [liːd] — führen
They are leading the way in the development of cleaner fuels. — In der Entwicklung von saubereren Treibstoffen sind sie führend.

lead time [ˈliːd taɪm] — Produktionszeit, Lieferzeit

close down [kləʊz ˈdaʊn] — schließen, stilllegen
The factory has been closed down. — Die Fabrik wurde stillgelegt.

closure [ˈkləʊʒə] — Schließung
The closure of the factory has resulted in the loss of many jobs. — Die Schließung der Fabrik führte zum Verlust vieler Arbeitsplätze.

shut down [ʃʌt ˈdaʊn] — zumachen, schließen

shutdown [ˈʃʌtdaʊn] — Stilllegung, Schließung

discontinue [dɪskənˈtɪnjuː] — auslaufen lassen, abbestellen
We plan to discontinue our premium line. — Wir haben vor, unsere Luxusreihe auslaufen zu lassen.

inoperative [ɪnˈɒpərətɪv] — außer Betrieb, nicht einsatzfähig

out of date [aʊt əv ˈdeɪt] — veraltet, altmodisch

3. Produktivität

productive [prəˈdʌktɪv] — produktiv, ergiebig

productivity [prɒdʌkˈtɪvətɪ] — Produktivität
We have improved the productivity of our factory. — Wir haben die Produktivität unseres Werks verbessert.

increase productivity [ɪŋˈkriːs prɒdʌkˈtɪvətɪ] — die Produktivität steigern

unproductive [ʌnprəˈdʌktɪv] — unproduktiv, unergiebig

output [ˈaʊtpʊt] — Produktion, Ausstoß
We have increased output to meet demand. — Wir haben die Produktion erhöht, um mit der Nachfrage Schritt zu halten.

capacity [kə'pæsɪtɪ]	Kapazität, Befähigung
full capacity [fʊl kə'pæsɪtɪ]	volle Kapazität
The plant is working at full capacity.	Die Fabrik arbeitet momentan mit voller Kapazität.
utilization of capacity [ju:tɪlaɪ'zeɪʃən əv kə'pæsɪtɪ]	Kapazitätsauslastung
utilize ['ju:tɪlaɪz]	(aus)nutzen, verwerten
performance [pə'fɔ:məns]	Leistung

INFOKASTEN

Performance wird bei Autos und Maschinen benutzt, um ihre Leistungskraft zu beschreiben, z.B.: *Porsche manufactures high-performance cars.* (Porsche stellt Fahrzeuge mit hoher Leistungskraft her.) Auch menschliche Arbeitsleistung wird oft damit beschrieben, z.B.: *The assistant's perfomance was outstanding.* (Der Assistent zeigte eine hervorragende Leistung.)

effectiveness [ɪ'fektɪvnɪs]	Wirksamkeit, Effektivität
I doubt the effectiveness of this move.	Ich bezweifle die Wirksamkeit dieses Schrittes.
efficiency [ɪ'fɪʃənsɪ]	Leistungsfähigkeit, Effizienz
operational efficiency [ɒpə'reɪʃənl ɪ'fɪʃənsɪ]	Betriebseffizienz
efficient [ɪ'fɪʃənt]	leistungsfähig, effizient
inefficiency [ɪnɪ'fɪʃənsɪ]	Ineffizienz, Unwirksamkeit
inefficient [ɪnɪ'fɪʃənt]	unproduktiv, ineffizient
optimization [ɒptɪmaɪ'zeɪʃən]	Optimierung
rationalization [ræʃənəlaɪ'zeɪʃən]	Rationalisierung
modernize ['mɒdənaɪz]	modernisieren
computerize [kəm'pju:təraɪz]	computerisieren, auf Computer umstellen
automate ['ɔ:təmeɪt]	automatisieren

4. Dienstleistungen

service ['sɜ:vɪs]	Dienstleistung
offer a service ['ɒfə ə 'sɜ:vɪs]	eine Dienstleistung anbieten

service sector [ˈsɜːvɪs ˈsektə]	Dienstleistungsbereich
service organization [ˈsɜːvɪs ɔːgənaɪˈzeɪʃən]	Dienstleistungsunternehmen
We are purely a service organization.	Wir sind ein reines Dienstleistungsunternehmen.
catering [ˈkeɪtərɪŋ]	Bewirtungsservice

INFOKASTEN

Mit dem Ausdruck *catering* kann nicht nur die Bewirtung bei einer Veranstaltung bezeichnet werden. Der Begriff steht auch für den gesamten Gastronomiebereich (*hotel, restaurant, bar sector*). Sagt man, man arbeite *in the catering sector*, bezieht sich das auf den ganzen Gastronomiebereich. Der *catering manager* leitet diesen Bereich.

translation service [trænsˈleɪʃən ˈsɜːvɪs]	Übersetzungsdienst
maintenance [ˈmeɪntənəns]	Aufrechterhaltung, Instandhaltung, Wartung
maintenance costs *pl* [ˈmeɪntənəns ˈkɒsts]	Instandhaltungskosten
maintenance service [ˈmeɪntənəns ˈsɜːvɪs]	Wartungsdienst
Please send us a quotation for a two-year maintenance service.	Bitte senden Sie uns ein Angebot für einen zweijährigen Wartungsdienst zu.
cleaning service [ˈkliːnɪŋ ˈsɜːvɪs]	Putzdienst
financial services *pl* [faɪˈnænʃl ˈsɜːvɪsəz]	Finanzdienstleistungen
data processing [ˈdeɪtə ˈprəʊsesɪŋ]	Datenverarbeitung
information technology (IT) [ɪnfəˈmeɪʃən tekˈnɒlədʒɪ]	Informationstechnologie
self-service [selfˈsɜːvɪs]	Selbstbedienung
24-hour service [ˈtwentɪfɔːˈaʊə ˈsɜːvɪs]	Tag- und Nachtdienst
comprise [kəmˈpraɪz]	beinhalten, bestehen aus
Our offer comprises numerous services.	Unser Angebot umfasst zahlreiche Dienstleistungen.

service charge [ˈsɜːvɪs tʃɑːdʒ]	Bearbeitungsgebühr
There is a service charge for software installation.	Für die Installation von Software wird eine Bearbeitungsgebühr berechnet.
after-sales service [ˈɑːftəseɪlz ˈsɜːvɪs]	Kundendienst
customer service [ˈkʌstəmə ˈsɜːvɪs]	Kundendienst
customer service representative [ˈkʌstəmə ˈsɜːvɪs reprɪˈzentətɪv]	Kundenberater(in), Kundendienst-mitarbeiter(in)
customer relations *pl* [ˈkʌstəmə rɪˈleɪʃənz]	Kundenbeziehungen
maintain [meɪnˈteɪn]	aufrechterhalten, pflegen
It is crucial to maintain good relations with customers.	Es ist entscheidend, gute Kundenbeziehungen zu pflegen.
advise [ədˈvaɪz]	raten, beraten
A solicitor advises clients in legal matters.	Ein Rechtsanwalt berät seine Kunden bei rechtlichen Fragen.
range of services [ˈreɪndʒ əv ˈsɜːvɪsəz]	Dienstleistungspalette
reliable service [rɪˈlaɪəbl ˈsɜːvɪs]	zuverlässige Dienstleistung
flexible service [ˈfleksəbl ˈsɜːvɪs]	anpassungsfähige Dienstleistung
provide [prəˈvaɪd]	anbieten, (be)liefern, zur Verfügung stellen
We provide tailor-made IT solutions.	Wir stellen maßgeschneiderte EDV-Lösungen zur Verfügung.
provider [prəˈvaɪdə]	Anbieter(in)
expertise [ekspɜːˈtiːz]	Kompetenz, Fachkenntnis
know-how [ˈnəʊhaʊ]	Fachkenntnis, Know-how
We have extensive know-how in the tourism field.	Wir verfügen über großes Fachwissen im Tourismusbereich.
recommend [rekəˈmend]	empfehlen
recommendation [rekəmenˈdeɪʃən]	Empfehlung
outplacement [ˈaʊtpleɪsmənt]	Auslagerung
outsource [ˈaʊtsɔːs]	an Fremdfirmen vergeben, auslagern
They outsource a number of services.	Sie vergeben einige Dienstleistungen an Fremdfirmen.
outsourcing [ˈaʊtsɔːsɪŋ]	Fremdvergabe, Auslagerung

trade [treɪd]	Handel, handeln
retail trade ['riːteɪl 'treɪd]	Einzelhandel
wholesale trade ['həʊlseɪl 'treɪd]	Großhandel
foreign trade ['fɒrən 'treɪd]	Außenhandel
export trade ['ekspɔːt 'treɪd]	Ausfuhrhandel, Exporthandel
import trade ['ɪmpɔːt 'treɪd]	Einfuhrhandel, Importhandel
trade balance ['treɪd 'bæləns]	Handelsbilanz
market ['mɑːkɪt]	Markt
domestic market [də'mestɪk 'mɑːkɪt]	Binnenmarkt
home market [həʊm 'mɑːkɪt]	Binnenmarkt
foreign market ['fɒrən 'mɑːkɪt]	Auslandsmarkt
come onto the market [kʌm 'ɒntə ðə 'mɑːkɪt]	auf den Markt kommen
A new software package has just come onto the market.	Ein neues Softwarepaket ist gerade auf den Markt gekommen.
launch (onto the market) ['lɔːntʃ (ɒntə ðə 'mɑːkɪt)]	auf den Markt bringen, einführen
merchant ['mɜːtʃənt]	Kaufmann/Kauffrau, Händler(in)
mercantile ['mɜːkəntaɪl]	handeltreibend, Handels…
illicit trade [ɪ'lɪsɪt treɪd]	Schwarzhandel
The illicit trade in drugs is hard to prevent.	Der Drogenhandel ist schwer zu verhindern.

1. Ankauf und Verkauf

buy [baɪ]	kaufen
buyer ['baɪə]	Käufer(in), Abnehmer(in)
ultimate buyer ['ʌltɪmət 'baɪə]	Endabnehmer(in)
deal [diːl]	Geschäft, Handel, Abkommen
The deal has been called off.	Das Geschäft wurde abgesagt.
dealer ['diːlə]	Händler(in)
His father was an antiques dealer.	Sein Vater war Antiquitätenhändler.

bargain [ˈbɑːɡɪn]	Handel, Geschäft, Schnäppchen, feilschen, (aus)handeln
This car was a real bargain.	Dieses Auto war ein echtes Schnäppchen.
purchase [ˈpɜːtʃəs]	Kauf, Anschaffung, kaufen
purchase price [ˈpɜːtʃəs ˈpraɪs]	Kaufpreis
purchase costs *pl* [ˈpɜːtʃəs kɒsts]	Anschaffungskosten
purchase quantity [ˈpɜːtʃəs ˈkwɒntətɪ]	Abnahmemenge
purchaser [ˈpɜːtʃəsə]	Käufer(in)
purchasing power [ˈpɜːtʃəsɪŋ ˈpaʊə]	Kaufkraft

INFOKASTEN

Mit dem Begriff *purchasing power* wird der Wert des Geldes in Bezug auf seine Kaufkraft bezeichnet. Angezeigt wird, was und wie viel dem Konsumenten noch von seinem Gehalt für haushaltsübliche Einkäufe bleiben. Bei steigender Inflation nimmt die Kaufkraft ab.

sell [sel]	verkaufen, sich verkaufen lassen
seller [ˈselə]	Verkäufer(in)
The seller might reduce the price or offer us a discount.	Vielleicht wird der Verkäufer den Preis reduzieren bzw. uns einen Rabatt einräumen.
sale [seɪl]	Verkauf, Abschluss
for sale [fə ˈseɪl]	zu verkaufen, zum Verkauf
forced sale [ˈfɔːst seɪl]	Zwangsverkauf
sales *pl* [seɪlz]	Absatz, Verkauf
saleable [ˈseɪləbl]	absatzfähig, marktfähig, verkäuflich
supplier [səˈplaɪə]	Lieferant(in)
key supplier [kiː səˈplaɪə]	Hauptlieferant(in)
We collaborate closely with our key supplier.	Wir arbeiten eng mit unserem Hauptlieferanten zusammen.
key customer [kiː ˈkʌstəmə]	Großkunde, Hauptkunde
bulk [bʌlk]	Großmenge, Gros, Masse
Buying in bulk usually produces cost savings.	Der Massenkauf führt normalerweise zu Kosteneinsparungen.

2. Preise und Zahlungsbedingungen

price [praɪs]	Preis, Kurs
price tag [ˈpraɪs tæg]	Preisschild
market price [ˈmɑːkɪt praɪs]	Marktpreis
list price [ˈlɪst praɪs]	Listenpreis
total price [ˈtəʊtl praɪs]	Gesamtpreis
wholesale price [ˈhəʊlseɪl praɪs]	Großhandelspreis
trade price [ˈtreɪd praɪs]	Händlerpreis
resale price [ˈriːseɪl praɪs]	Wiederverkaufspreis
retail price [ˈriːteɪl praɪs]	Einzelhandelspreis
net price [ˈnet praɪs]	Nettopreis
competitive price [kəmˈpetɪtɪv praɪs]	konkurrenzfähiger Preis
pricing [ˈpraɪsɪŋ]	Preisfestsetzung, Preisgestaltung
reduction [rɪˈdʌkʃən]	Verminderung, Herabsetzung
price reduction [praɪs rɪˈdʌkʃən]	Preisnachlass
We grant a five per cent price reduction on these goods.	Wir gewähren Ihnen einen fünfprozentigen Preisnachlass auf diese Waren.
reduce [rɪˈdjuːs]	herabsetzen, reduzieren
price increase [praɪs ˈɪŋkriːs]	Preiserhöhung
set a price [ˈset ə praɪs]	einen Preis festlegen
expensive [ɪkˈspensɪv]	teuer
inexpensive [ɪnɪkˈspensɪv]	günstig, preiswert
cheap [tʃiːp]	billig
spend money [spend ˈmʌnɪ]	Geld ausgeben
discount [ˈdɪskaʊnt]	Rabatt
I was offered a 20 per cent discount.	Mir wurde ein 20-prozentiger Rabatt angeboten.
trade discount [treɪd ˈdɪskaʊnt]	Händlerrabatt
cash discount [kæʃ ˈdɪskaʊnt]	Skonto

INFOKASTEN

Einen *cash discount* bekommt der Käufer, wenn er eine Rechnung sofort bezahlen kann. Oft wird dieser Preisnachlass abgekürzt, z.B. 10/2% (2% Rabatt bei Zahlung innerhalb von 10 Tagen).

quantity discount ['kwɒntɪtɪ 'dɪskaʊnt]	Mengenrabatt
Do you offer a quantity discount?	Gewähren Sie einen Mengenrabatt?
grant [grɑːnt]	gewähren, bewilligen
grant a discount [grɑːnt ə 'dɪskaʊnt]	einen Rabatt gewähren
claim a discount [kleɪm ə 'dɪskaʊnt]	einen Rabatt fordern
guarantee [gærən'tiː]	Garantie, Bürgschaft, garantieren
Our products are covered by a two-year guarantee.	Unsere Produkte haben eine zweijährige Garantie.
expire [ɪk'spaɪə]	ablaufen, fällig werden
The guarantee expires in six weeks.	Die Garantie läuft in sechs Wochen ab.
expiry date [ɪks'paɪrɪ deɪt]	Verfallsdatum, Fälligkeitstag
pay [peɪ]	bezahlen, zahlen
payment ['peɪmənt]	Zahlung, Bezahlung
advance payment [əd'vɑːns 'peɪmənt]	Vorauszahlung
Customers are required to make an advance payment.	Kunden müssen eine Vorauszahlung leisten.
deferred payment [dɪ'fɜːd 'peɪmənt]	Ratenzahlung
deposit [dɪ'pɒzɪt]	Anzahlung, Kaution
down payment *AE* [daʊn 'peɪmənt]	Anzahlung

INFOKASTEN

Im amerikanischen Englisch verwendet man *down payment.* Im britischen Englisch übersetzt man Anzahlung auch mit *deposit. Deposit* kann allerdings auch eine (rückzahlbare) Kaution oder Pfandzahlung bedeuten.

payment in full ['peɪmənt ɪn fʊl]	vollständige Bezahlung
means of payment [miːnz əv 'peɪmənt]	Zahlungsmittel
cash on delivery [kæʃ ɒn dɪ'lɪvərɪ]	Zahlung per Nachnahme

hire purchase *BE* [ˈhaɪə ˈpɜːtʃɪs]	Ratenkauf
instalment [ɪnˈstɔːlmənt]	Rate
monthly instalment [ˈmʌnθlɪ ɪnˈstɔːlmənt]	monatliche Teilzahlungsrate
overdue [əʊvəˈdjuː]	überfällig
Payment is now long overdue.	Die Zahlung ist längst überfällig.
prepaid [priːˈpeɪd]	vorausbezahlt, im Voraus bezahlt
prepay [priːˈpeɪ]	im Voraus bezahlen
prepayable [priːˈpeɪəbl]	im Voraus zu bezahlen
receipt [rɪˈsiːt]	Eingang, Erhalt, Quittung, Beleg
Keep your receipt as proof of purchase.	Bewahren Sie Ihre Quittung als Kaufnachweis auf.
bill [bɪl]	Rechnung, Abrechnung, in Rechnung stellen
invoice [ˈɪnvɔɪs]	Rechnung, Faktura, in Rechnung stellen, fakturieren
You should specify your bank details on the invoice.	Sie sollten auf der Rechnung Ihre Bankverbindung angeben.
settle the invoice [setl ðɪ ˈɪnvɔɪs]	die Rechnung begleichen
commercial invoice [kəˈmɜːʃl ˈɪnvɔɪs]	Handelsrechnung
remittance [rɪˈmɪtəns]	Überweisung
Please settle the invoice amount by remittance within two weeks.	Bitte überweisen Sie den Rechnungsbetrag innerhalb von zwei Wochen.
charge [tʃɑːdʒ]	Gebühr, Kosten, berechnen
chargeable to [ˈtʃɑːdʒəbl tu]	zu Lasten von, auf Kosten von
overcharge [əʊvəˈtʃɑːdʒ]	zu viel berechnen
mark-down [ˈmɑːkdaʊn]	Preissenkung
mark-up [ˈmɑːkʌp]	Preiserhöhung, Preisaufschlag
letter of credit [ˈletər əv ˈkredɪt]	Akkreditiv, Kreditbrief

INFOKASTEN

Ein *letter of credit* als Zahlungsbedingung wird im Außenhandel als sehr sicher betrachtet, da zwei Banken eine Garantie geben, dass die Rechnung des Exporteurs beglichen wird.

cheque *BE*, **check** *AE* [tʃek]	Scheck
Don't forget to sign the cheque.	Vergessen Sie nicht, den Scheck zu unterschreiben.
crossed cheque [ˈkrɒst tʃek]	Verrechnungsscheck
open cheque [ˈəʊpən tʃek]	Barscheck
promissory note [prɒˈmɪsərɪ nəʊt]	Schuldschein

3. Anfrage, Angebot und Auftrag

enquiry [ɪnˈkwaɪrɪ]	Anfrage

INFOKASTEN

Im amerikanischen Englisch schreibt man für Anfrage *inquiry*. Im britischen Englisch aber hat *inquiry* eher die Bedeutung Untersuchung (*investigation*).
Bsp.: *The police have opened a murder inquiry.*
Die Polizei untersucht jetzt den Mordfall.

enquire about [ɪnˈkwaɪə əˈbaʊt]	anfragen, sich erkundigen
We would like to enquire about your range of office furniture.	Wir möchten uns über Ihr Sortiment an Büromöbeln erkundigen.
offer [ˈɒfə]	Angebot, anbieten
We have to decline your offer.	Wir müssen Ihr Angebot ablehnen.
make an offer for [ˈmeɪk ən ˈɒfə fɔː]	ein Angebot machen für
firm offer [fɜːm ˈɒfə]	Festangebot
binding offer [ˈbaɪndɪŋ ˈɒfə]	verbindliches Angebot
offer without engagement [ˈɒfə wɪðˈaʊt ɪnˈgeɪdʒmənt]	unverbindliches Angebot
special offer [ˈspeʃl ˈɒfə]	Sonderangebot
subject to availability [ˈsʌbdʒɪkt tuː əveɪləˈbɪlɪtɪ]	solange Vorrat reicht
This offer is subject to availability.	Angebot gültig solange Vorrat reicht.
counter-offer [ˈkaʊntərɒfə]	Gegenangebot
quotation [kwəʊˈteɪʃən]	Kostenvoranschlag, Angebot

quote [kwəʊt]	angeben, nennen (Preis)
I can quote you a good price for this job.	Ich kann Ihnen einen guten Preis für diese Arbeit machen.
estimate [ˈestɪmət]	Schätzung
estimate of costs [ˈestɪmət əv ˈkɒsts]	Kostenvoranschlag
We can only give you a rough estimate of costs for this service.	Wir können Ihnen nur einen groben Kostenvoranschlag für diese Dienstleistung geben.
deadline [ˈdedlaɪn]	letzter Termin, Frist
The deadline for offers is next Friday.	Der letzte Termin für Angebote ist nächsten Freitag.

INFOKASTEN

Mit *deadline* (Frist) verwendet man häufig folgende Verben: *to keep, to observe* (einhalten), *to extend, to prolong* (verlängern), *to miss* (verpassen).

demand [dɪˈmɑːnd]	Forderung, Nachfrage, fordern
Demand for organic food is on the rise.	Die Nachfrage nach Bio-Lebensmitteln steigt.
supply [səˈplaɪ]	Angebot, liefern
supply and demand [səˈplaɪ ənd dɪˈmɑːnd]	Angebot und Nachfrage
order [ˈɔːdə]	Auftrag, Bestellung, bestellen
They have ordered a new fleet of cars.	Sie haben eine neue Autoflotte bestellt.
order number [ˈɔːdə ˈnʌmbə]	Auftragsnummer, Bestellnummer
date of order [deɪt əv ˈɔːdə]	Auftragsdatum
place an order [pleɪs ən ˈɔːdə]	einen Auftrag erteilen
process an order [ˈprəʊses ən ˈɔːdə]	einen Auftrag ausführen, bearbeiten
cancel an order [ˈkænsl ən ˈɔːdə]	einen Auftrag stornieren
confirm an order [kənˈfɜːm ən ˈɔːdə]	einen Auftrag bestätigen
We are pleased to confirm your order for office furniture.	Wir freuen uns, Ihren Auftrag über Büromöbel zu bestätigen.

INFOKASTEN

Im Geschäftsenglisch kann man „bestätigen“ entweder mit *confirm* oder *acknowledge* übersetzen.
Bsp.: *We confirm your order dated 10 June.*
Wir bestätigen Ihre Bestellung vom 10. Juni.
Please send us an order acknowledgement.
Bitte senden Sie uns eine Auftragsbestätigung.

confirmation [kɒnfəˈmeɪʃən]	Bestätigung
subject to confirmation [ˈsʌbdʒɪkt tuː kɒnfəˈmeɪʃən]	freibleibend
in accordance with [ɪn əˈkɔːdəns wɪð]	entsprechend, gemäß, in Einklang mit
order deadline [ˈɔːdə ˈdedlaɪn]	Bestellfrist
advance order [ədˈvɑːns ˈɔːdə]	Vorausbestellung, Vorbestellung
repeat order [rɪˈpiːt ˈɔːdə]	Nachbestellung
They have received a repeat order from a key customer.	Sie haben eine Nachbestellung von einem Großkunden erhalten.
trial order [ˈtraɪəl ˈɔːdə]	Probeauftrag
online shop [ˈɒnlaɪn ʃɒp]	Internetshop, Onlineshop
Please order from our online shop.	Bitte bestellen Sie über unseren Onlineshop.
shipment [ˈʃɪpmənt]	Warensendung, Lieferung
consignment [kənˈsaɪnmənt]	Warensendung, Lieferung
When can we expect the consignment?	Wann können wir mit der Lieferung rechnen?

4. Beschwerden

complain [kəmˈpleɪn]	sich beschweren, etwas beanstanden
Unfortunately we must complain about the recent consignment.	Wir müssen leider die letzte Sendung beanstanden.
complaint [kəmˈpleɪnt]	Reklamation, Beschwerde
make a complaint [meɪk ə kəmˈpleɪnt]	sich beschweren

INFOKASTEN

Wenn man sich auf Englisch beschweren muss, entschuldigt man sich unbedingt zuerst, dass gleich etwas Negatives folgen wird. Dies gilt auch wenn man absolut im Recht ist. Abmildernde, höfliche Einleitungen für Beschwerden sind: *I'm terribly sorry, but …* oder *I'm afraid I have to complain* oder *I'm sorry to complain, but …*

deal with a complaint [diːl wɪð ə kəmˈpleɪnt]	eine Beschwerde bearbeiten
We will deal with your complaint immediately.	Wir werden Ihre Beschwerde sofort bearbeiten.
settle a complaint [setl ə kəmˈpleɪnt]	eine Beschwerde regeln
sort out [sɔːt ˈaʊt]	in Ordnung bringen, klären
This situation needs to be sorted out quickly.	Diese Situation muss rasch geklärt werden.
be disappointed [bɪ dɪsəˈpɔɪntɪd]	unzufrieden sein, enttäuscht sein
We are extremely disappointed with the execution of this order.	Wir sind mit der Ausführung dieses Auftrages äußerst unzufrieden.
be annoyed [bɪ əˈnɔɪd]	verärgert, ärgerlich sein
inconvenience [ɪnkənˈviːnɪənz]	Unannehmlichkeit, Umstände
The defective goods have caused us great inconvenience.	Die defekten Waren haben uns große Umstände verursacht.
expect an explanation [ɪksˈpekt ən ekspləˈneɪʃən]	eine Erklärung erwarten
apologize for [əˈpɒlədʒaɪz fɔː]	sich entschuldigen für
offer one's apologies for [ˈɒfə wʌnz əˈpɒlədʒɪz fɔː]	sich entschuldigen für
be sorry [bɪ ˈsɒrɪ]	leidtun
We are very sorry that the goods were not properly packed.	Es tut uns sehr leid, dass die Waren inkorrekt verpackt wurden.
grievance [ˈgriːvəns]	Beschwerde
request [rɪˈkwest]	Antrag, Anfrage
not up to standard [nɒt ʌp tə ˈstændɪd]	nicht der Norm entsprechend
damage [ˈdæmɪdʒ]	Schaden, Beschädigung

damaged [ˈdæmɪdʒd]	beschädigt
damages *pl* [ˈdæmɪdʒɪz]	Schadensersatz, Entschädigung
claim [kleɪm]	Forderung, Anspruch
claim for damages [kleɪm fə ˈdæmɪdʒɪz]	Schadensersatzanspruch
warranty [ˈwɒrəntɪ]	Garantie, Gewährleistung
The device has a two-year warranty.	Das Gerät hat eine zweijährige Garantie.
defect [dɪˈfekt]	Mangel, Defekt
defective [dɪˈfektɪv]	fehlerhaft, defekt
The computer I purchased is defective.	Der Rechner, den ich gekauft habe, ist fehlerhaft.
defective goods *pl* [dɪˈfektɪv gʊdz]	defekte, fehlerhafte Waren
deficiency [dɪˈfɪʃənsɪ]	Mangel, Fehlen, Schwäche
unsaleable [ʌnˈseɪləbl]	unverkäuflich
In view of the extensive damage, the goods are unsaleable.	Angesichts des großen Schadens sind die Waren unverkäuflich.
differ [ˈdɪfə]	sich unterscheiden
The quality of the goods delivered differs from the sample.	Die Qualität der gelieferten Waren unterscheidet sich vom Muster.
negligence [ˈneglɪdʒəns]	Nachlässigkeit, Fahrlässigkeit
incorrect [ɪnkəˈrekt]	falsch, nicht korrekt
missing [ˈmɪsɪŋ]	fehlend
reimburse [riːɪmˈbɜːs]	entschädigen, zurückerstatten, ersetzen
We will not reimburse you for the fee.	Wir werden Ihnen die Gebühr nicht zurückerstatten.
reimbursement [riːɪmˈbɜːsmənt]	Entschädigung, Rückerstattung, Ersatz
compensation [kɒmpenˈseɪʃən]	Entschädigung
claim compensation [kleɪm kɒmpenˈseɪʃən]	Entschädigung fordern
compensate [ˈkɒmpenseɪt]	entschädigen
We will compensate you for the damage immediately.	Wir werden Sie umgehend für den Schaden entschädigen.
refund [ˈriːfʌnd]	Rückzahlung, Rückerstattung
We will provide you with a full refund.	Wir werden Ihnen eine vollständige Rückerstattung gewähren.

INFOKASTEN

Wenn dem Verkäufer eine Beschwerde seitens des Käufers über fehlerhafte Ware vorliegt, gilt es, die sogenannten vier Rs im Kundendienst zu berücksichtigen: *refund, repair, replace, rescind* (Rückerstattung, Reparatur, Ersatz, Annullierung).

replace [rɪˈpleɪs]	ersetzen
All broken parts will be replaced immediately.	Alle defekten Teile werden sofort ersetzt.
replacement [rɪˈpleɪsmənt]	Ersatzlieferung
repair [rɪˈpeə]	Reparatur, Ausbesserung, reparieren
We will repair your faulty device immediately.	Wir werden Ihr defektes Gerät sofort reparieren.
damaged beyond repair [ˈdæmɪdʒd bɪˈjɒnd rɪˈpeə]	nicht mehr zu reparieren

5. Kaufverträge

contract [ˈkɒntrækt]	Vertrag, Vereinbarung
Please sign the contract.	Bitte unterschreiben Sie den Vertrag.
contractor [kənˈtræktə]	Auftragnehmer(in)
contractual [kənˈtræktʃuəl]	vertraglich, Vertrags…
sales contract [seɪlz ˈkɒntrækt]	Kaufvertrag

INFOKASTEN

Unter angelsächsischem Gesetz entsteht ein Kaufvertrag erst, wenn der Käufer das Angebot des Verkäufers angenommen hat. Dann ist er verpflichtet, die Ware zu akzeptieren. Der Verkäufer ist seinerseits verpflichtet, die Waren gemäß den im Kaufvertrag beschriebenen und festgelegten Bedingungen zu liefern.

draw up a contract [drɔː ˈʌp ə ˈkɒntrækt]	einen Vertrag aufsetzen
draft a contract [drɑːft ə ˈkɒntrækt]	einen Vertrag entwerfen

enter into a contract ['entə 'ɪntʊ ə 'kɒntrækt]	einen Vertrag abschließen
sign a contract [saɪn ə 'kɒntrækt]	einen Vertrag unterschreiben
cancel a contract ['kænsəl ə 'kɒntrækt]	einen Vertrag aufheben
We will be forced to cancel the contract if the delivery deadline is not kept.	Wir werden den Vertrag aufheben müssen, falls die Lieferfrist nicht eingehalten wird.
breach of contract [bri:tʃ əv 'kɒntrækt]	Vertragsbruch
parties to a contract *pl* ['pɑ:tɪz tu ə 'kɒntrækt]	vertragsschließende Parteien
terms of (the) contract *pl* ['tɜ:mz əv (ðə) 'kɒntrækt]	Vertragsbedingungen
under the terms of the contract ['ʌndə ðə 'tɜ:mz əv ðə 'kɒntrækt]	vertragsgemäß
Under the terms of the contract, delivery should be made within one month.	Vertragsgemäß sollen die Waren innerhalb eines Monats geliefert werden.
clause ['klɔ:z]	Klausel
specify ['spesɪfaɪ]	spezifizieren, genau angeben, vorschreiben
Please specify the requirements.	Bitte geben Sie die Anforderungen an.
expiry date [ɪk'spaɪrɪ deɪt]	Ablaufdatum, Verfallstermin

6. Import und Export

export ['ekspɔ:t]	Export, Ausfuhr, Exportware
export [ɪk'spɔ:t]	exportieren, ausführen
50% of our production is exported.	50 % unserer Produktion werden exportiert.
exporter [ek'spɔ:tə]	Exporteur
export licence ['ekspɔ:t 'laɪsəns]	Ausfuhrgenehmigung
We have applied for an export licence.	Wir haben eine Ausfuhrgenehmigung beantragt.

INFOKASTEN

Eine Exportlizenz (*export licence*) kann bei den Zollbehörden des Exportlandes beantragt werden. Bei Risikowaren wie Chemikalien, Nuklearstoffen und Waffen (*chemicals, nuclear material and weapons*) wird grundsätzlich eine Exportlizenz verlangt.

export surplus [ˈekspɔːt ˈsɜːpləs]	Exportüberschuss
export permit [ˈekspɔːt ˈpɜːmɪt]	Exportgenehmigung
import [ɪmˈpɔːt]	einführen
import [ˈɪmpɔːt]	Einfuhr, Import, Importware
Cheap imports exert downward pressure on domestic prices.	Billige Importgüter drücken die Preise auf dem Inlandsmarkt.
importer [ɪmˈpɔːtə]	Importeur, Importfirma
import duty [ˈɪmpɔːt ˈdjuːtɪ]	Einfuhrzoll
import restriction [ˈɪmpɔːt rɪˈstrɪkʃən]	Einfuhrbeschränkung
impose restrictions on [ɪmˈpəʊz rɪˈstrɪkʃənz ɒn]	Einfuhrbeschränkungen verhängen
import quota [ˈɪmpɔːt ˈkwəʊtə]	Importquote
customs [ˈkʌstəmz]	Zoll
customs clearance [ˈkʌstəmz ˈklɪərəns]	Zollabfertigung
customs duties *pl* [ˈkʌstəmz ˈdjuːtɪz]	Zölle
customs tariff [ˈkʌstəmz ˈtærɪf]	Zollgebühren
subject to import duties [ˈsʌbdʒɪkt tu ɪmˈpɔːt ˈdjuːtɪz]	einfuhrzollpflichtig
customs declaration [ˈkʌstəmz dekləˈreɪʃən]	Zollerklärung
customs invoice [ˈkʌstəmz ˈɪnvɔɪs]	Zollfaktura
clear goods through customs [klɪə gʊdz θruː ˈkʌstəmz]	Güter verzollen
The forwarder can collect the goods as soon as they have been cleared through customs.	Der Spediteur kann die Waren abholen, sobald sie verzollt sind.

7. Versanddokumente

bill of lading [bɪl əv ˈleɪdɪŋ]	Konnossement, Frachtbrief
clean bill of lading [kliːn bɪl əv ˈleɪdɪŋ]	reines Konnossement
unclean bill of lading [ˈʌnkliːn bɪl əv ˈleɪdɪŋ]	unreines Konnossement
The unclean bill of lading shows that the goods are not in perfect condition.	Das unreine Konnossement zeigt, dass die Waren beschädigt sind.
air waybill [eə ˈweɪbɪl]	Luftfrachtbrief
freight note [ˈfreɪt nəʊt]	Frachtbrief
consignment note [kənˈsaɪnmənt nəʊt]	Frachtbrief
delivery note [dɪˈlɪvərɪ nəʊt]	Lieferschein
insurance certificate [ɪnˈʃʊərəns səˈtɪfɪkət]	Versicherungszertifikat
certificate of origin [səˈtɪfɪkət əv ˈɒrɪdʒɪn]	Herkunftszeugnis, Ursprungsnachweis
We needed a certificate of origin for customs clearance.	Für die Zollabfertigung benötigten wir ein Herkunftszeugnis.
issue a certificate [ˈɪʃuː ə səˈtɪfɪkət]	ein Zertifikat ausstellen
invoice [ˈɪnvɔɪs]	Rechnung
consular invoice [ˈkɒnsjuːlə ˈɪnvɔɪs]	Konsulatsfaktura
apply for a consular invoice [əˈplaɪ fɔː ə ˈkɒnsjuːlə ˈɪnvɔɪs]	ein Konsulatsfaktura beantragen

INFOKASTEN

Eine Konsulatsfaktura (*consular invoice*) bestätigt die Richtigkeit der Preise der exportierten Waren und versucht damit zu verhindern, dass Waren zu künstlich niedrigen Preisen im Ausland auf den Markt kommen (*dumping prices*).

advice of dispatch [ədˈvaɪs əv dɪˈspætʃ]	Versandanzeige

8. Die Europäische Union

European Union (EU) [jʊərəˈpɪən ˈjuːnɪən]	Europäische Union (EU)
European Central Bank (ECB) [jʊərəˈpɪən ˈsentrəl bæŋk]	Europäische Zentralbank (EZB)
The European Central Bank is located in Frankfurt.	Die Europäische Zentralbank hat ihren Sitz in Frankfurt.
single European market [sɪŋgl jʊərəˈpɪən ˈmɑːkɪt]	Europäischer Binnenmarkt
The single European market is a large free trade area.	Der Europäische Binnenmarkt ist eine große Freihandelszone.
European single currency [jʊərəˈpɪən ˈsɪŋgl ˈkʌrənsɪ]	europäische Einheitswährung
European Monetary Union (EMU) [jʊərəˈpɪən ˈmʌnɪtrɪ ˈjuːnɪən]	Europäische Währungsunion (EWU)
Europeanisation [jʊərəpɪənaɪˈzeɪʃən]	Europäisierung
euro [ˈjʊərə]	Euro
eurozone [ˈjʊərəzəʊn]	Eurozone
free trade area [friː treɪd ˈeərɪə]	Freihandelszone
society [səˈsaɪətɪ]	Gesellschaft
member state [ˈmembə steɪt]	Mitgliedsstaat
membership [ˈmembəʃɪp]	Mitgliedschaft
apply for membership [əˈplaɪ fə ˈmembəʃɪp]	eine Mitgliedschaft beantragen
EU citizen [iːˈjuː ˈsɪtɪzn]	EU-Bürger(in)
regulation [regjuˈleɪʃən]	Regulierung, Vorschrift
Common Agricultural Policy (CAP) [ˈkɒmən ægrɪˈkʌltʃərəl ˈpɒləsɪ]	Gemeinsame Agrarpolitik
free movement of capital [friː ˈmuːvmənt əv ˈkæpɪtl]	freier Kapitalverkehr
free movement of goods [friː ˈmuːvmənt əv ˈgʊdz]	freier Güterverkehr
One of the aims of the EU is to ensure the free movement of goods, capital, services and people.	Ein Ziel der EU ist es, den freien Verkehr von Gütern, Kapital, Dienstleistungen und Menschen zu ermöglichen.

Übung 1: Finden Sie 10 Begriffe zu Handel und Vertrieb!

Q	R	C	V	E	S	T	X	H	I	T
A	P	U	R	C	H	A	S	E	I	Y
E	M	O	F	J	E	S	I	S	W	D
D	E	A	L	E	R	A	O	U	J	I
W	R	Q	O	G	Z	P	L	P	A	S
A	C	B	U	Y	E	R	U	P	Z	C
Q	H	U	V	D	W	U	Y	L	T	O
B	A	R	G	A	I	N	F	I	P	U
I	N	S	H	T	Q	B	M	E	K	N
B	T	E	K	O	F	F	E	R	U	T
A	D	M	A	R	K	E	T	L	M	E

Übung 2: Unterstreichen Sie die richtige Variante!

a) The European Union is a free sales / trade area as well as a political union.

b) Bulk / durable goods are only sold in large quantities.

c) Management generally aims to streamline / leanline production processes.

d) To guarantee high product quality, it's important to have good probing / sampling procedures.

e) I was impressed by the improvements in efficiency / efficient at the factory.

f) Our new plant can monopolize / utilize many local resources.

g) It is very important to maintain / maintenance good relations to key customers.

h) They have placed an order / demand for 10 printers.

Übung 3: Setzen Sie das richtige Wort ein. Achten Sie bei Verben auf die richtige Zeitform!

advance | to call off | demand | to grant | invoice | key customers | quotation | subject to | to launch

a) The deal with Fri & Partners, one of our ______, has just been ______.

b) We ______ a 20 per cent discount on our new product range.

c) New customers are required to make an ______ payment.

d) Please specify your bank details on your ______.

e) The product is ______ availability, depending on other customers' demands.

f) Please send me your ______ by next Monday.

g) The ______ for tablet PCs is still growing.

h) Currently, we ______ the new, highly energy-saving washing machine WMeco in our top range.

Übung 4: Beschwerden. Enträtseln Sie den Buchstabensalat und finden Sie das Lösungswort!

a) t r u q e e s ☐ _ _ _ _ _ _

b) g i l o a p e z o _ ☐ _ _ _ _ _ _ ☐

c) s o u l n o i t _ _ ☐ _ _ _ _ _

d) m a p i l c n o t _ _ _ _ _ ☐ _ _ _

e) s o n m a p e c e t ☐ _ _ _ _ _ _ _ _ _

f) n u d f e r _ ☐ _ _ _ _

Lösung: _ _ _ _ _ _ _

Übung 5: Übersetzen Sie!

a) Leistung ______ c) zuverlässig ______

b) Bearbeitungsgebühr ______ d) automatisieren ______

1. Märkte und Marketing

market [ˈmɑːkɪt]	Markt, Absatzgebiet, vermarkten, vertreiben
We need to market this service aggressively.	Wir müssen diesen Service aggressiv vermarkten.
marketing [ˈmɑːkɪtɪŋ]	Marketing, Absatzwirtschaft
enter a market [ˈentər ə ˈmɑːkɪt]	auf den Markt kommen
launch [lɔːntʃ]	auf den Markt bringen, einführen
We will soon be launching a new product.	Wir werden bald ein neues Produkt auf den Markt bringen.
dominate a market [ˈdɒmɪneɪt ə ˈmɑːkɪt]	einen Markt dominieren
dominant [ˈdɒmɪnənt]	beherrschend, dominant
monopolize a market [məˈnɒpəlaɪz ə ˈmɑːkɪt]	einen Markt monopolisieren
monopoly [məˈnɒpəlɪ]	Monopol
break into a market [breɪk ˈɪntu ə ˈmɑːkɪt]	in einen Markt eindringen
market share [ˈmɑːkɪt ʃeə]	Marktanteil
market-oriented [mɑːkɪtˈɔːrɪəntəd]	marktorientiert
market position [ˈmɑːkɪt pəˈzɪʃən]	Marktposition
market value [ˈmɑːkɪt ˈvæljuː]	Marktwert
sales target [ˈseɪlz ˈtɑːgɪt]	Absatzziel
gap [gæp]	Lücke
gap in the market [gæp ɪn ðə ˈmɑːkɪt]	Marktlücke
market leader [ˈmɑːkɪt ˈliːdə]	Marktführer
The market leader dominates the European market.	Der Marktführer dominiert den europäischen Markt.
key players *pl* [kiː ˈpleɪəz]	Hauptakteure
market segmentation [ˈmɑːkɪt segmənˈteɪʃən]	Marktsegmentierung
business environment [ˈbɪznɪs ɪnˈvaɪrənmənt]	Geschäftsumfeld

mass market ['mæs mɑ:kɪt]	Massenmarkt, Massenwaren
upmarket ['ʌpmɑ:kɪt]	gehoben, anspruchsvoll
The company moved more upmarket.	Die Firma wandte sich gehobeneren Käuferschichten zu.
high-end ['haɪend]	hochwertig
This offering is aimed at high-end customers.	Dieses Angebot richtet sich an Kunden im oberen Marktsegment.
downmarket ['daʊnmɑ:kɪt]	billig, Massen…
niche [ni:ʃ]	Nische
niche market ['ni:ʃ 'mɑ:kɪt]	Nischenmarkt
target market ['tɑ:gɪt 'mɑ:kɪt]	Zielmarkt
marketing mix ['mɑ:kɪtɪŋ mɪks]	Marketingmix

INFOKASTEN

Beim *marketing mix* handelt es sich um die sogenannten vier Ps des Marketing: Produkt (*product*), Preis (*price*), Promotion/Werbung (*promotion*) und Platzierung (*placement*). Diese Variablen dienen dazu, adäquate Marketingentscheidungen zu treffen.

marketing strategy ['mɑ:kɪtɪŋ 'strætɪdʒɪ]	Vertriebsstrategie, Marketingstrategie
positioning [pə'zɪʃənɪŋ]	Positionierung
Product positioning is important when marketing an item.	Die Produktpositionierung ist beim Vermarkten eines Artikels wichtig.
tactics *pl* ['tæktɪks]	Taktik
core competences *pl* [kɔ: 'kɒmpɪtənsəz]	Kernkompetenzen
trademark ['treɪdmɑ:k]	Warenzeichen
brand [brænd]	Marke, Markenname

INFOKASTEN

Mit *brand* kann man viele zusammengesetzte Substantive bilden. Bsp.:

brand awareness/recognition	Markenbewusstsein
brand management	Marken-Management
brand identity	Markenidentität

brand name ['brænd neɪm]	Markenbezeichnung, Markenname
brand loyalty ['brænd 'lɔɪəltɪ]	Markentreue
brand image ['brænd 'ɪmɪdʒ]	Markenimage
non-branded [nɒn'brændɪd]	markenfrei
generic product [dʒe'nerɪk 'prɒdʌkt]	No-Name-Produkt
sales literature ['seɪlz 'lɪtrətʃə]	Verkaufsprospekte, Werbeunterlagen
special offer ['speʃl 'ɒfə]	Sonderangebot

2. Marktforschung

market research ['mɑːkɪt riː'sɜːtʃ]	Marktforschung
Market research aims to establish if there is a market for a particular product.	Marktforschung hat das Ziel, herauszufinden ob es für ein bestimmtes Produkt einen Markt gibt.
market survey ['mɑːkɪt 'sɜːveɪ]	Marktumfrage
market testing ['mɑːkɪt 'testɪŋ]	Verbraucherumfrage
competitor analysis [kɒm'petɪtə ə'næləsɪs]	Konkurrenzanalyse
market share analysis ['mɑːkɪt ʃeə ə'næləsɪs]	Marktanteilanalyse
carry out a survey ['kærɪ aʊt ə 'sɜːveɪ]	eine Umfrage durchführen
questionnaire [kwestʃə'neə]	Fragebogen
Would you be prepared to complete a short questionnaire?	Würden Sie einen kurzen Fragebogen ausfüllen?
feedback ['fiːdbæk]	Reaktion, Feedback, Rückmeldung
positive feedback ['pɒzətɪv 'fiːdbæk]	positive Rückmeldung
negative feedback ['negətɪv 'fiːdbæk]	negative Rückmeldung
feasibility study [fiːzə'bɪlətɪ 'stʌdɪ]	Durchführbarkeitsstudie, Machbarkeitsstudie
comparison [kəm'pærɪsən]	Vergleich
compare (with) [kəm'peə (wɪθ)]	vergleichen (mit)

target group [ˈtɑːɡɪt ɡruːp] — Zielgruppe

The product should be designed to attract a certain target group. — Das Produkt sollte so konzipiert sein, dass es eine bestimmte Zielgruppe anspricht.

INFOKASTEN

Eine *target group* (Zielgruppe) wird in verschiedene Kategorien eingeteilt. Marktforscher untersuchen z.B. die Altersstruktur der Kunden, die Höhe ihres Einkommens, ihren Wohnort und Wohnstatus (in einer Wohnung oder in einem Haus, alleinstehend oder verheiratet, mit oder ohne Kinder usw., *age, income, place of residence, single or married with children,* usw.). Mit diesen Informationen können Preise und geeignete Werbemaßnahmen für ein Produkt genauer bestimmt werden.

random sample [ˈrændəm ˈsɑːmpl] — Stichprobe

representative [reprɪˈzentətɪv] — repräsentativ

age group [ˈeɪdʒ ɡruːp] — Altersgruppe

income group [ˈɪnkʌm ɡruːp] — Einkommensgruppe

high-earner [haɪˈɜːnə] — Großverdiener

3. Konkurrenz

competition [kɒmpəˈtɪʃən] — Konkurrenz, Wettbewerb

Competition is high in many sectors. — In vielen Branchen herrscht große Konkurrenz.

be up against competition [bɪ ʌp əˈɡenst kɒmpəˈtɪʃən] — Konkurrenz ausgesetzt sein

We will certainly be up against stiff competition now that import restrictions have been dropped. — Da die Importbeschränkungen aufgehoben wurden, werden wir mit Sicherheit harter Konkurrenz ausgesetzt sein.

without competition [ˈwɪðaʊt kɒmpəˈtɪʃən] — konkurrenzlos

fierce competition [ˈfɪəs kɒmpəˈtɪʃən] — scharfe Konkurrenz

stiff competition [ˈstɪf kɒmpəˈtɪʃən]	harte Konkurrenz
unfair competition [ˈʌnfeə kɒmpəˈtɪʃən]	unlauterer Wettbewerb
compete [kəmˈpiːt]	konkurrieren, in Wettstreit treten
competitor [kəmˈpetɪtə]	Konkurrent(in), Gegner(in)
Jones Industries is one of our main competitors on the British market.	Jones Industries ist einer unserer Hauptkonkurrenten auf dem britischen Markt.
competitive [kəmˈpetɪtɪv]	konkurrenzfähig
competitive advantage [kəmˈpetɪtɪv ədˈvɑːntɪdʒ]	Wettbewerbsvorteil
competitiveness [kəmˈpetɪtɪvnəs]	Wettbewerbsfähigkeit
competing [kəmˈpiːtɪŋ]	konkurrierend
Two new competing firms have just broken into the software market.	Zwei neue Mitkonkurrenten sind gerade in den Softwaremarkt eingedrungen.
rival [ˈraɪvəl]	Konkurrent(in)
rival product [ˈraɪvəl ˈprɒdʌkt]	Konkurrenzprodukt

4. Verbraucher

consume [kənˈsjuːm]	verbrauchen, konsumieren
consumer [kənˈsjuːmə]	Verbraucher(in), Konsument(in)
consumption [kənˈsʌmpʃən]	Verbrauch, Verzehr
Consumption has doubled over the past year.	Der Verbrauch hat sich im vergangenen Jahr verdoppelt.
personal consumption [ˈpɜːsənl kənˈsʌmpʃən]	Eigenverbrauch
consumer protection [kənˈsjuːmə prəˈtekʃən]	Verbraucherschutz
ultimate consumer [ˈʌltɪmət kənˈsjuːmə]	Endverbraucher(in), Endabnehmer(in)
average consumer [ˈævərɪdʒ kənˈsjuːmə]	Durchschnittsverbraucher(in)
consumer behaviour [kənˈsjuːmə bɪˈheɪvjə]	Verbraucherverhalten

consumer confidence [kən'sjuːmə 'kɒnfɪdəns]	Kaufbereitschaft, Konsumklima
consumer society [kən'sjuːmə sə'saɪətɪ]	Konsumgesellschaft
consumer preference [kən'sjuːmə 'prefərəns]	Verbrauchervorliebe, Verbraucherpräferenz
customer ['kʌstəmə]	Kunde/Kundin
customer loyalty ['kʌstəmə 'lɔɪəltɪ]	Kundentreue
spending habits *pl* ['spendɪŋ 'hæbɪts]	Kaufgewohnheiten
need [niːd]	Notwendigkeit, Bedarf, benötigen
want [wɒnt]	Bedürfnis, Wunsch, Mangel, wollen
We are conducting research into our customers' wants.	Wir erforschen die Wünsche unserer Kunden.
purchaser ['pɜːtʃəsə]	Käufer(in)
punter *BE, fam* ['pʌntə]	Kunde/Kundin
the average punter [ðiː 'ævərɪdʒ 'pʌntə]	Otto Normalverbraucher

5. Werbung

advertise ['ædvətaɪz]	werben, inserieren
advertising ['ædvətaɪzɪŋ]	Werbung
Large firms invest heavily in advertising.	Große Firmen investieren viel Geld in die Werbung.
advertising budget ['ædvətaɪzɪŋ 'bʌdʒət]	Werbeetat
advertising agency ['ædvətaɪzɪŋ 'eɪdʒənsɪ]	Werbeagentur
advertising campaign ['ædvətaɪzɪŋ kæm'peɪn]	Werbekampagne
The advertising campaign reached its target groups.	Die Werbekampagne hat ihre Zielgruppen erreicht.
advertising copy ['ædvətaɪzɪŋ 'kɒpɪ]	Werbetext

(advertising) slogan [('ædvətaɪzɪŋ) 'sləʊgən]	Werbespruch
advertisement [əd'vɜ:tɪsmənt]	Werbung, Reklame
advert, ad ['ædvɜ:t, æd]	Werbung, Reklame
place an advertisement ['pleɪs ən əd'vɜ:tɪsmənt]	eine Anzeige schalten, inserieren
media *pl* ['mi:dɪə]	Medien
We advertise in a range of media.	Wir machen in zahlreichen Medien Werbung.
advertising medium ['ædvətaɪzɪŋ 'mɪ:dɪəm]	Werbemittel
Internet ad ['ɪntənət æd]	Internetanzeige

INFOKASTEN

In der Internetwerbung spricht man u.a. von *banners* (Werbeblock, Werbebanner) und *pop-ups* (automatisch erscheinende Bildschirmwerbung).

newspaper ad ['nju:zpeɪpə æd]	Zeitungsinserat
commercial [kə'mɜ:ʃəl]	Werbespot (Radio, TV)
infomercial [ɪnfəʊ'mɜ:ʃəl]	Werbesendung
attract customers [ə'trækt 'kʌstəməz]	Kunden gewinnen
leaflet ['li:flət]	Prospekt, Handzettel
poster ['pəʊstə]	Plakat
word-of-mouth advertising [wɜ:d əv məʊθ 'ædvətaɪzɪŋ]	Mund-zu-Mund-Propaganda
Word-of-mouth advertising is cheap and effective.	Mund-zu-Mund-Propaganda ist kostengünstig und wirksam.
publicity [pʌb'lɪsɪtɪ]	Werbung, Publizität, Aufmerksamkeit
They have received much negative publicity.	Sie haben viel negative Publizität bekommen.
publicity campaign [pʌb'lɪsɪtɪ kæm'peɪn]	Werbekampagne
public ['pʌblɪk]	öffentlich, Öffentlichkeit
We must maintain our image among the general public.	Wir müssen unser Image in der Öffentlichkeit pflegen.

Public Relations (PR) [ˈpʌblɪk rɪˈleɪʃənz]	Public Relations, Öffentlichkeitsarbeit
Public Relations concentrates on promoting the company's image.	Die Öffentlichkeitsarbeit konzentriert sich darauf, für das Image der Firma zu werben.

INFOKASTEN

PR exercises (PR-Aktivitäten), um das Image einer Firma zu verbessern, sind z.B.: *open-day(s)* (Tag(e) der offenen Tür) oder *sponsoring* (Sponsorenunterstützung) für örtliche Sportvereine oder bei Festen.

sponsor [ˈspɒnsə]	Förderer(in), fördern, sponsern
sponsorship [ˈspɒnsəʃɪp]	finanzielle Förderung
promote [prəˈməʊt]	werben für
We are sponsoring this event to promote our image.	Wir sponsern diese Veranstaltung, um unser Image zu verbessern.
promotion [prəˈməʊʃən]	Werbeaktion, Förderung
sales promotion [ˈseɪlz prəˈməʊʃən]	Verkaufsförderung
promotional material [prəˈməʊʃənəl məˈtɪərɪəl]	Werbematerial
presentation [prezənˈteɪʃən]	(Verkaufs-)Präsentation
You are required to give a ten-minute product presentation.	Sie sollen eine zehnminütige Produktpräsentation halten.
free gift [friː ˈgɪft]	Werbegeschenk
giveaway [ˈgɪvəweɪ]	Werbegeschenk
sample [ˈsɑːmpl]	(Waren-)Probe, Muster, probieren, kosten
free sample [friː ˈsɑːmpl]	Gratisprobe, Werbemuster
We are offering free samples of our products.	Wir bieten gerade kostenlose Proben unserer Produkte an.
mailshot [ˈmeɪlʃɒt]	Postwurfsendung, Mailing
mailing list [ˈmeɪlɪŋ lɪst]	Verteilerliste, Adressenliste
junk mail [ˈdʒʌŋk meɪl]	(unerwünschte) Reklamesendungen
press release [ˈpres rɪˈliːs]	Pressemitteilung
press conference [ˈpres ˈkɒnfərəns]	Pressekonferenz

6. Messen

fair [feə]	Messe, Ausstellung
trade fair [ˈtreɪd feə]	Handelsmesse, Fachmesse
trade fair grounds *pl* [ˈtreɪd feə graʊndz]	Messegelände
venue [ˈvenjuː]	Veranstaltungsort
exhibition [eksɪˈbɪʃən]	Ausstellung
exhibit [ekˈzɪbɪt]	Ausstellungsstück, ausstellen
exhibitor [ekˈzɪbɪtə]	Aussteller
attend a fair [əˈtend ə feə]	an einer Messe teilnehmen
We are planning to attend the fair in London.	Wir planen an der Messe in London teilzunehmen.
visit a fair [ˈvɪzɪt ə feə]	eine Messe besuchen
visitor [ˈvɪzɪtə]	Besucher(in)
registration [redʒɪˈstreɪʃən]	(Messe-)Anmeldung, Registrierung
The registration deadline for the fair is next week.	Die Anmeldungsfrist für die Messe endet nächste Woche.
exhibition space [eksɪˈbɪʃən speɪs]	Ausstellungsfläche
floor plan [ˈflɔː plæn]	Übersichtsplan
stand [stænd]	Stand
stand rental [stænd ˈrentəl]	Standmiete
stand location [stænd ləʊˈkeɪʃən]	Standlage
put up a stand [pʊt ʌp ə ˈstænd]	einen Stand aufstellen
dismantle a stand [dɪsˈmæntl ə stænd]	einen Stand abbauen
display [dɪˈspleɪ]	Auslage, ausstellen
on display [ɒn dɪˈspleɪ]	ausgestellt
quote [kwəʊt]	Angebot, ein Preisangebot machen
Please let us have your most favourable quote for a stand.	Bitte lassen Sie uns Ihr günstigstes Angebot für einen Stand zukommen.
facilities *pl* [fəˈsɪlɪtɪz]	Räumlichkeiten, Einrichtung
We would require these facilities for the duration of the fair.	Wir würden diese Räumlichkeiten für die Dauer der Messe brauchen.
furniture and equipment [ˈfɜːnɪtʃə ənd ɪˈkwɪpmənt]	Einrichtung und Ausrüstung

1. Transport

ship [ʃɪp]	versenden, befördern, Schiff
Your order will be shipped tomorrow.	Ihre Bestellung wird morgen versendet.
shipment [ˈʃɪpmənt]	Warensendung, Lieferung, Verschiffung
shipping [ˈʃɪpɪŋ]	Versand
consolidated shipment [kənˈsɒlɪdeɪtəd ˈʃɪpmənt]	Sammelladung
shipping documents *pl* [ˈʃɪpɪŋ ˈdɒkjumənts]	Versandpapiere
consignment [ˈkənsaɪnmənt]	Sendung, Warensendung
part consignment [pɑːt ˈkənsaɪnmənt]	Teillieferung
forward [ˈfɔːwəd]	versenden
Your consignment will be forwarded by rail to the nearest goods station.	Ihre Waren werden per Bahn an den nächsten Güterbahnhof versendet.
forwarder [ˈfɔːwədə]	Absender, Spediteur
transport [trænsˈpɔːt]	transportieren
mode of transport [məʊd əv ˈtrænspɔːt]	Transportart
roll-on roll-off transport (ro-ro) [rəʊlˈɒn rəʊlˈɒf ˈtrænspɔːt]	Ro-Ro-Verkehr

INFOKASTEN

Ro-ro transport (roll-on roll-off transport) bedeutet, dass die Waren in einem Container verpackt sind, der während einer Fähr- oder Seepassage auf dem LKW bleibt. Der LKW kann dann im Zielhafen direkt vom Schiff zum Bestimmungsort fahren.

carrier [ˈkærɪə]	Frachtführer, Spediteur
carriage [ˈkærɪdʒ]	Fracht, Transport
carriage charges *pl* [ˈkærɪdʒ ˈtʃɑːdʒəz]	Frachtkosten
carriage paid [ˈkærɪdʒ peɪd]	frachtfrei

logistics [lə'dʒɪstɪks]	Logistik
destination [destɪ'neɪʃən]	Bestimmungsort
weight limit ['weɪt 'lɪmɪt]	Höchstgewicht
freight [freɪt]	Fracht(gut), Ladung
freight charges *pl* ['freɪt 'tʃɑːdʒəz]	Frachtkosten
sea freight ['siː freɪt]	Seefracht
air freight ['eə freɪt]	Luftfracht
The goods will be sent as air freight on Lufthansa flight number … from Düsseldorf.	Die Waren werden als Luftfracht mit dem Lufthansa-Flug Nr. … von Düsseldorf verschickt.
by air [baɪ 'eə]	per Luftfracht
airline ['eəlaɪn]	Fluglinie
by sea [baɪ 'siː]	per Schiff
port [pɔːt]	Hafen
harbour ['hɑːbə]	Hafen
vessel ['vesɪl]	Schiff
bill of lading [bɪl əv 'leɪdɪŋ]	Seefrachtbrief, Konnossement

INFOKASTEN

Bill of lading: Das Konnossement heißt Seefrachtbrief, wenn Waren per Seefracht gesendet werden. Mit einem *clean bill of lading* oder reinem Konnossement beweist der Spediteur, dass sich die Waren bei der Ladung auf das Schiff in gutem Zustand befanden. Das Gegenteil nennt man *unclean/dirty bill of lading,* wenn Waren beschädigt oder unvollständig sind.

by rail [baɪ 'reɪl]	per Bahn
rail transport ['reɪl 'trænspɔːt]	Transport per Schiene
Rail transport is preferable for bulk cargoes and containers.	Transport per Schiene wird bei Massengüterversand und Containertransport bevorzugt.
goods train *BE* ['gʊdz treɪn]	Güterzug
by road [baɪ 'rəʊd]	per Güterkraftverkehr
lorry *BE* ['lɒrɪ], **truck** *AE* [trʌk]	Lastwagen
trucking ['trʌkɪŋ]	Güterkraftverkehr
haulier ['hɔːlɪə]	LKW-Unternehmer

road haulage [ˈrəʊd ˈhɔːlɪdʒ]	Güterkraftverkehr
(delivery) van [(dɪˈlɪvərɪ) væn]	Lieferwagen
courier [ˈkʊrɪə]	Kurier
toll [təʊl]	Maut
in transit [ɪn ˈtrænsɪt]	auf dem Weg, unterwegs
en route [ɑ̃ ˈruːt]	auf dem Weg, unterwegs
cargo [ˈkɑːgəʊ]	Ladung, Fracht
bulk cargo [ˈbʌlk ˈkɑːgəʊ]	Massengüter
mixed cargo [ˈmɪkst ˈkɑːgəʊ]	Stückgut
load [ləʊd]	Ladung, beladen
unload [ʌnˈləʊd]	ausladen, entladen
His job is to unload lorries.	Seine Aufgabe ist es, LKWs zu entladen.

2. Verpackung

pack [pæk]	packen, einpacken
Our goods are machine-packed.	Unsere Waren werden maschinell verpackt.
package [ˈpækɪdʒ]	Paket
packing [ˈpækɪŋ]	Verpacken, Verpackung
packaging [ˈpækɪdʒɪŋ]	Verpackung

INFOKASTEN

Packaging (Verpackung) muss der Art der Waren und ihrem Transportweg angepasst sein. Tee wird in *chests* (Kisten) verpackt, Kaffee in *sacks* (Säcken), Flüssigkeiten in *drums* (Tonnen), Baumwolle in *bales* (Ballen). Geräte und Maschinen werden zum Transport auf *pallets* (Paletten) montiert.

packing costs *pl* [ˈpækɪŋ kɒsts]	Verpackungskosten
postage and packing [ˈpəʊstɪdʒ ənd ˈpækɪŋ]	Porto und Verpackung
waterproof [ˈwɔːtəpruːf]	wasserdicht
airtight [ˈeətaɪt]	luftdicht
It is advisable to use airtight packaging for such goods.	Für diese Waren empfehlen wir, eine luftdichte Verpackung zu verwenden.
padded [ˈpædɪd]	gepolstert

pallet [ˈpælɪt]	Palette
The pallets will be picked up by our carrier with the next consignment.	Die Paletten werden von unserem Frachtführer abgeholt, wenn die nächste Sendung geliefert wird.
box [bɒks]	Karton, Kiste, verpacken
cardboard box [ˈkɑːdbɔːd bɒks]	Karton
drum [drʌm]	Tonne
barrel [ˈbærəl]	Fass, Barrel (Erdöl)
The price of oil is normally specified in dollars per barrel.	Der Ölpreis wird normalerweise in Dollar pro Barrel angegeben.
parcel [ˈpɑːsl]	Paket
contain [kənˈteɪn]	enthalten
caution marks *pl* [ˈkɔːʃən mɑːks]	Sicherheitsmarkierungen
fragile [ˈfrædʒaɪl]	zerbrechlich
We specialize in transporting fragile goods.	Wir sind auf den Transport zerbrechlicher Güter spezialisiert.
this side up [ðɪs saɪd ˈʌp]	hier oben
insufficient [ɪnsəˈfɪʃənt]	ungenügend
Damage to the goods is often due to insufficient packing.	Warenschäden sind häufig auf ungenügende Verpackung zurückzuführen.
dimensions *pl* [deɪˈmenʃənz]	Abmessungen
length [leŋθ]	Länge
width [wɪdθ]	Breite
height [haɪt]	Höhe

3. Lagerung

storage [ˈstɔːrɪdʒ]	Lagerung
storage facilities *pl* [ˈstɔːrɪdʒ fəˈsɪlətɪz]	Lagermöglichkeiten, Lagerräume
storage capacity [ˈstɔːrɪdʒ kəˈpæsətɪ]	Lagerkapazität
store [stɔː]	Lager, Vorrat, lagern, aufbewahren
Our goods are all stored centrally.	Unsere Waren werden alle zentral gelagert.
warehouse [ˈweəhaʊs]	Lagerhaus, Lager

stock [stɒk]	Lagerbestand, Vorrat, lagern, aufbewahren
have in stock [hæv ɪn ˈstɒk]	vorrätig, auf Lager haben
We have a wide range of winter coats in stock.	Wir haben eine große Auswahl an Wintermänteln auf Lager.
out of stock [aʊt əv ˈstɒk]	ausverkauft
stock up [stɒk ˈʌp]	aufstocken, auffüllen
We need to stock up on office supplies.	Wir müssen unseren Bestand an Büromaterial aufstocken.
take stock [teɪk ˈstɒk]	Inventur machen
stocks *pl* [stɒks]	Vorräte
while stocks last [waɪl ˈstɒks lɑːst]	solange der Vorrat reicht
available [əˈveɪləbl]	verfügbar, vorrätig, lieferbar
shelf life [ˈʃelf laɪf]	Lagerfähigkeit, Haltbarkeit
Many food products have a short shelf life.	Viele Lebensmittel haben eine kurze Lagerfähigkeit.
sell-by date [ˈselbaɪ deɪt]	Haltbarkeitsdatum
shortage [ˈʃɔːtɪdʒ]	Mangel, Knappheit

4. Lieferung

deliver [dɪˈlɪvə]	liefern, zustellen
When can you deliver the goods?	Wann können Sie die Waren liefern?
delivery [dɪˈlɪvərɪ]	Lieferung, Auslieferung
delivery note [dɪˈlɪvərɪ nəʊt]	Lieferschein
delivery instructions *pl* [dɪˈlɪvərɪ ɪnˈstrʌkʃənz]	Lieferanweisung, Liefervorschriften
Please follow our delivery instructions carefully.	Bitte befolgen Sie unsere Liefervorschriften genau.
advice of delivery [ədˈvaɪs əv dɪˈlɪvərɪ]	Rückschein, Versandanzeige
delay in delivery [dɪˈleɪ ɪn dɪˈlɪvərɪ]	Lieferverzug
We would like to apologize for the delay in delivery of your order.	Wir möchten uns für den Lieferverzug bei Ihrer Bestellung entschuldigen.
special delivery [ˈspeʃəl dɪˈlɪvərɪ]	Eilzustellung

take delivery of [teɪk dɪ'lɪvərɪ əv]	in Empfang nehmen
refusal [rɪ'fju:zəl]	Ablehnung
refusal of delivery [rɪ'fju:zəl əv dɪ'lɪvərɪ]	Annahmeverweigerung
part delivery ['pɑ:t dɪ'lɪvərɪ]	Teillieferung
delivery date [dɪ'lɪvərɪ 'deɪt]	Liefertermin, Lieferdatum
delivery deadline [dɪ'lɪvərɪ 'dedlaɪn]	Lieferfrist
just-in-time delivery [dʒʌstɪn'taɪm dɪ'lɪvərɪ]	wartezeitfreie Lieferung, JIT-Lieferung
express delivery [ɪk'spres dɪ'lɪvərɪ]	Eilsendung
at short notice [ət 'ʃɔ:t 'nəʊtɪs]	kurzfristig
urgent ['ɜ:dʒənt]	dringend
door-to-door delivery [dɔ:tə'dɔ: dɪ'lɪvərɪ]	Haus-zu-Haus-Lieferung
One advantage of road transport is that the goods can be delivered door-to-door.	Ein Vorteil beim LKW-Transport ist, dass Waren von Haus zu Haus geliefert werden können.
delivery charge [dɪ'lɪvərɪ 'tʃɑ:dʒ]	Lieferkosten
dispatch [dɪ'spætʃ]	Versand, Sendung, (ver)senden, schicken
Your order will be dispatched in the morning.	Ihre Bestellung wird morgen Vormittag verschickt.
ready for dispatch ['redɪ fə dɪ'spætʃ]	versandbereit
terms of delivery *pl* [tɜ:mz əv dɪ'lɪvərɪ]	Lieferbedingungen
free [fri:]	kostenlos, frei
free domicile ['fri: 'dɒmɪsaɪl]	frei Haus
shipping costs *pl* ['ʃɪpɪŋ kɒsts]	Versandkosten
Incoterms *pl* [ɪnkəʊ'tɜ:mz]	Internationale Handelsbezeichnungen
cost and freight (CFR) [kɒst ənd 'freɪt]	Kost und Fracht
cost, insurance and freight (CIF) ['kɒst ɪn'ʃʊərəns ənd 'freɪt]	Kosten, Versicherung und Fracht
The goods have been shipped CIF Dover as requested.	Die Waren wurden wie gewünscht CIF Dover verschifft.

delivered duty paid (DDP) [dɪˈlɪvəd ˈdjuːtɪ peɪd]	verzollt geliefert
ex works (EXW) [eks ˈwɜːks]	ab Werk
not yet arrived [nɒt jet əˈraɪvd]	noch nicht eingetroffen
in bad order [ɪn bæd ˈɔːdə]	in schlechtem Zustand
We must complain as the goods have arrived in bad order.	Wir müssen uns beschweren, da die Waren in schlechtem Zustand eingetroffen sind.

5. Versicherung

insurance [ɪnˈʃʊərəns]	Versicherung
insurance policy [ɪnˈʃʊərəns ˈpɒləsɪ]	Versicherungspolice
insurance company [ɪnˈʃʊərəns ˈkʌmpənɪ]	Versicherungsgesellschaft
insurance premium [ɪnˈʃʊərəns ˈpriːmɪəm]	Versicherungsprämie
insurance broker [ɪnˈʃʊərəns ˈbrəʊkə]	Versicherungsmakler
take out insurance [teɪk aʊt ɪnˈʃʊərəns]	eine Versicherung abschließen
insured party [ɪnˈʃʊəd ˈpɑːtɪ]	die versicherte Person
insurer [ɪnˈʃʊərə]	Versicherer, Versicherungsträger
insure [ɪnˈʃʊə]	versichern
We must insure the building against fire and theft.	Wir müssen das Gebäude gegen Feuer und Diebstahl versichern.
be insured against sth. [bɪ ɪnˈʃʊəd əˈgenst sʌmθɪŋ]	gegen etwas versichert sein
partial loss [ˈpɑːʃəl lɒs]	Teilverlust
insurance value [ɪnˈʃʊərəns ˈvæljuː]	Versicherungswert
What is the insurance value of the consignment?	Welchen Versicherungswert hat die Sendung?
cargo insurance [ˈkɑːgəʊ ɪnˈʃʊərəns]	Cargoversicherung, Transportversicherung

freight insurance [freɪt ɪnˈʃʊərəns]	Fracht(kosten)versicherung

INFOKASTEN

Weitere Versicherungsarten sind z.B.:

house contents insurance	Hausratversicherung
life insurance/life assurance	Lebensversicherung
fire insurance	Brandschutzversicherung
personal liability	Privathaftpflicht

insurance rates *pl* [ɪnˈʃʊərəns reɪts]	Versicherungstarife
insurance claim [ɪnˈʃʊərəns kleɪm]	Versicherungsanspruch, Sicherungsfall
make an insurance claim [ˈmeɪk ən ɪnˈʃʊərəns kleɪm]	Schadenersatz fordern
claim form [ˈkleɪm fɔːm]	Schadenformular
settle a claim [setl ə ˈkleɪm]	einen Schaden regulieren
The insurance company refuses to settle our claim.	Die Versicherungsgesellschaft weigert sich, unseren Schaden zu regulieren.
damage [ˈdæmɪdʒ]	Schaden
claim for damages [kleɪm fə ˈdæmɪdʒəz]	Schadenersatzanspruch
liability [laɪəˈbɪlətɪ]	Haftung
product liability [ˈprɒdʌkt laɪəˈbɪlətɪ]	Produkthaftung
be liable for [bɪ ˈlaɪəbəl fɔː]	haftbar sein für, haften für
cover [ˈkʌvə]	(ab)decken, versichern
insurance cover [ɪnˈʃʊərəns ˈkʌvə]	Versicherungsschutz
maximum cover [ˈmæksɪməm ˈkʌvə]	maximale Deckungssumme
risk [rɪsk]	Risiko
compensation [kɒmpenˈseɪʃən]	Schadenersatz, Entschädigung
mutual [ˈmjuːtʃʊəl]	gemeinsam, beiderseitig, gegenseitig
mutual insurance [ˈmjuːtʃʊəl ɪnˈʃʊərəns]	Versicherung auf Gegenseitigkeit

ÜBUNGEN 6

Übung 1: Unterstreichen Sie die richtige Variante!

a) Our market part / share has increased since last year.

b) Our reputation for product reliability is our gap / brand in the market.

c) The market questioning / survey revealed that we need to improve our packaging.

d) It's important to invest in advertisement / advertising for new products.

e) There has been a lot of advance public / publicity for the launch of their latest product.

f) The freight / fright charges have increased a lot over the last year.

g) We take product liability / probability very seriously.

h) Our target are costumers / customers in the mass market.

Übung 2: Auf der Messe. Lösen Sie das Treppenrätsel und finden Sie das Lösungswort!

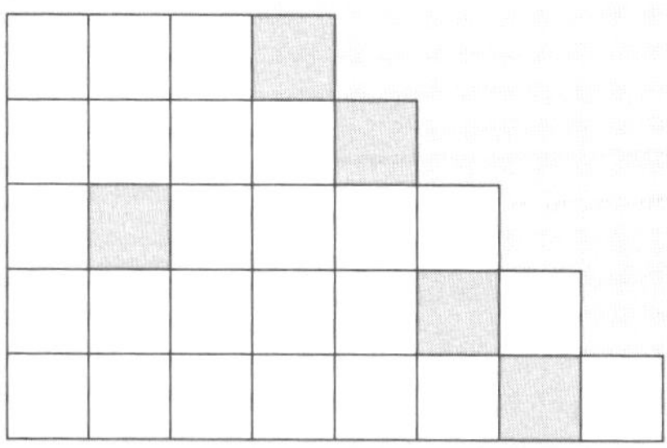

1. The short English word for "Messe" is ...
2. The platform on which you present your company.
3. You pay stand … for the stand location.
4. Another word for "to show" or "to present" goods for everyone to look at.
5. You mainly present new … of your company.

Lösung: __ __ __ __ __

Übung 3: Ordnen Sie die Synonyme zu!

1. ☐ cargo	a) trade fair
2. ☐ carrier	b) shipping
3. ☐ punter	c) freight
4. ☐ transport	d) haulier
5. ☐ promote	e) customer
6. ☐ exhibition	f) advertise

Übung 4: Setzen Sie das richtige Wort ein!

brand claim competition random protection attracting spending

a) In a globalized economy, effective consumer ______ is an important issue.

b) After the flood, it took 9 months to get our insurance ______ settled.

c) This survey of consumer behaviour is based on a ______ sample and shows the ______ habits of various age groups.

d) On the Asian market, we are faced with very stiff ______.

e) The ______ image is very important for ______ customers.

Übung 5: Übersetzen Sie und finden Sie das Lösungswort!

a) Werbung, Reklame _ _ _ _ ☐ _ _ _ _ _ _ _

b) Fragebogen _ _ _ _ _ _ ☐ _ _ _ _ _ _

c) ab Werk _ _ _ ☐ _ _ _

d) Ausstellungsstück _ _ _ _ _ _ ☐

e) Werbegeschenk _ ☐ _ _ _ _ _ _ _

f) Verzehr, Verbrauch _ _ _ _ _ ☐ ☐ _ _ _ _

g) Versicherungssumme _ ☐ _ _ _ _ _ _ _ _ _ _ ☐ _ _ _

Lösung: _ _ _ _ _ _ _ _ _ _

1. Banken und Konten

commercial bank [kəˈmɜːʃl bæŋk]	Handelsbank, Geschäftsbank
High Street banks *pl, BE* [ˈhaɪstriːt bæŋks]	(britische) Großbanken, Geschäftsbanken

INFOKASTEN

In Großbritannien heißen manche Handelsbanken auch *High Street Banks,* da sie in vielen Städten mit Niederlassungen in der örtlichen Hauptstraße vertreten sind.

bank branch [ˈbæŋk brɑːntʃ]	Filiale
branch manager [brɑːntʃ ˈmænɪdʒə]	Filialleiter(in)
savings bank [ˈseɪvɪŋz bæŋk]	Sparkasse
central bank [ˈsentrəl bæŋk]	Zentralbank

INFOKASTEN

In Großbritannien ist die *central bank* (Zentralbank) die *Bank of England.* Sie wird wegen ihrer Adresse auch *The Old Lady of Threadneedle Street* genannt. In den USA heißt die Zentralbank *The Federal Reserve Bank,* oder kurz *the Fed.*

building society *BE* [ˈbɪldɪŋ səˈsaɪɪtɪ]	Bausparkasse
Building societies are owned by their members.	Bausparkassen gehören ihren Mitgliedern.
merchant bank [ˈmɜːtʃənt bæŋk]	Handelsbank
financial institution [faɪˈnænʃəl ɪnstɪˈtjuːʃən]	Geldinstitut, Finanzinstitut
He would like to work for a financial institution.	Er möchte gerne für ein Geldinstitut arbeiten.
monetary [ˈmʌnɪtrɪ]	monetär, Geld…, Währungs…
treasury [ˈtreʒərɪ]	Finanzministerium, Fiskus

INFOKASTEN

In den USA wird das Finanzministerium *The Treasury* genannt, geleitet wird es vom *Treasury Secretary.* In Großbritannien heißt das Ministerium *The Exchequer,* und es wird vom *Chancellor of the Exchequer* geführt. Dieser wohnt im Haus Nr. 11 in der *Downing Street,* direkt neben dem Premierminister in Nr. 10.

Internet banking ['ɪntənet 'bæŋkɪŋ]	Internetbanking
banking service ['bæŋkɪŋ 'sɜːvɪs]	Bankdienstleistung
vault [vɔːlt]	Tresor(raum)
account [ə'kaʊnt]	(Kunden-)Konto, Rechnung
account balance [ə'kaʊnt 'bæləns]	Kontostand
account management [ə'kaʊnt 'mænɪdʒmənt]	Kontoführung, Kundenbetreuung
bank account ['bæŋk ə'kaʊnt]	Bankkonto
I have opened a new bank account.	Ich habe ein neues Bankkonto eröffnet.
current account ['kʌrənt ə'kaʊnt]	Girokonto
savings *pl* ['seɪvɪŋz]	Ersparnisse
savings account ['seɪvɪŋz ə'kaʊnt]	Sparkonto
deposit [dɪ'pɒzɪt]	Einzahlung, deponieren, einzahlen
deposit account [dɪ'pɒzɪt ə'kaʊnt]	Sparkonto
joint account [dʒɔɪnt ə'kaʊnt]	Gemeinschaftskonto
open an account ['əʊpən ən ə'kaʊnt]	ein Konto eröffnen
You need to have proof of identity in order to open a bank account.	Um ein Bankkonto zu eröffnen, müssen Sie sich ausweisen können.
close an account [kləʊz ən ə'kaʊnt]	ein Konto schließen
block an account [blɒk ən ə'kaʊnt]	ein Konto sperren
pay in [peɪ 'ɪn]	einzahlen
make a deposit [meɪk ə dɪ'pɒzɪt]	Geld einzahlen
fixed deposit [fɪkst dɪ'pɒzɪt]	Festgeld
interest ['ɪntrest]	Zins(en), Anteil, Beteiligung

interest rate [ˈɪntrest reɪt]	Zinssatz
earn interest [ɜːn ˈɪntrest]	Zinsen einbringen
The savings account earns 1% interest annually.	Das Sparkonto bringt jährlich 1 % Zinsen.
pay interest on [peɪ ˈɪntrest ɒn]	verzinsen, Zinsen zahlen
accrual of interest [əˈkruːəl əv ˈɪntrest]	Zinsthesaurierung
compound interest [ˈkɒmpaʊnd ˈɪntrəst]	Zinseszins
key rate [ˈkiː reɪt]	Leitzins
credit an account [ˈkredɪt ən əˈkaʊnt]	einem Konto gutschreiben
withdrawal [wɪθˈdrɔːəl]	Entnahme, Abhebung
make a withdrawal [meɪk ə wɪθˈdrɔːəl]	Geld abheben
overdraft [ˈəʊvədrɑːft]	Kontoüberziehung
What is my overdraft limit?	Was ist mein Dispolimit?
bank overdraft [bæŋk ˈəʊvədrɑːft]	Banküberziehung, Überziehungskredit
overdraw an account [əʊvəˈdrɔː ən əˈkaʊnt]	ein Konto überziehen
transfer [trænsˈfɜː]	überweisen
bank transfer [bæŋk ˈtrænsfɜː]	Banküberweisung
Please settle the invoice via bank transfer.	Bitte zahlen Sie die Rechnung per Banküberweisung.
statement of account [ˈsteɪtmənt ʌv əˈkaʊnt]	Kontoauszug
bank statement [bæŋk ˈsteɪtmənt]	Kontoauszug
bank charges *pl* [bæŋk ˈtʃɑːdʒɪz]	Kontoführungsgebühren, Bankgebühren
balance [ˈbæləns]	Saldo, Restbetrag, Differenz
account details *pl* [əˈkaʊnt ˈdiːteɪlz]	Bankverbindung, Kontodaten
account number [əˈkaʊnt ˈnʌmbə]	Kontonummer
sort code [ˈsɔːt kəʊd]	Bankleitzahl
cheque *BE*, **check** *AE* [tʃek]	Scheck
payee [peɪˈiː]	Zahlungsempfänger

credit card [ˈkredɪt kɑːd] — Kreditkarte
debit [ˈdebɪt] — Soll, Belastung, Lastschrift
debit card [ˈdebɪt kɑːd] — Bankkarte
I pay for expensive items with my debit card. — Ich bezahle teure Artikel mit meiner Bankkarte.
direct debit [daɪˈrekt ˈdebɪt] — Einzugsermächtigung
cash card *BE* [ˈkæʃ kɑːd] — Bankkarte, EC-Karte
cashpoint *BE* [ˈkæʃpɔɪnt] — Geldautomat
Is there a cashpoint nearby? — Gibt es hier in der Nähe einen Geldautomaten?
ATM *AE* [eɪtiːˈem] — Geldautomat
standing order [ˈstændɪŋ ˈɔːdə] — Dauerauftrag

2. Investitionen und Finanzierung

investment [ɪnˈvestmənt] — Investition, Geldanlage
invest in [ɪnˈvest ɪn] — investieren in
investor [ɪnˈvestə] — Kapitalanleger(in), Investor(in)
finance [ˈfaɪnæns] — Finanz, Finanzwesen, finanzieren
A loan was used to finance the deal. — Ein Darlehen wurde verwendet, um den Handel zu finanzieren.
finances *pl* [ˈfaɪnænsəz] — Finanzen, Finanzmittel
financial assets *pl* [faɪˈnænʃəl ˈæsets] — Geldvermögen, finanzielle Aktiva
fund [fʌnd] — Fonds, finanzieren
We require new investment to fund our restructuring. — Wir benötigen neue Investitionen, um unsere Umgestaltung zu finanzieren.
funding [ˈfʌndɪŋ] — Finanzierung
funds *pl* [fʌndz] — Mittel, Gelder
be short of funds [bɪ ʃɔːt əv ˈfʌndz] — knapp bei Kasse sein
capital [ˈkæpɪtəl] — Kapital, Vermögen
capital account [ˈkæpɪtəl əˈkaʊnt] — Vermögensrechnung
capital gains *pl* [ˈkæpɪtəl geɪnz] — Veräußerungsgewinne
opening capital [ˈəʊpənɪŋ ˈkæpɪtəl] — Anfangskapital, Startkapital

corporate net worth [ˈkɔːpərət ˈnet wɜːθ]	Eigenkapital
liquidity [lɪˈkwɪdɪtɪ]	Liquidität
grant [grɑːnt]	Subvention, Beihilfe, gewähren
gain [geɪn]	Zunahme, Zuwachs, Gewinn, hinzugewinnen
return [rɪˈtɜːn]	Rückgabe, Ertrag
rate of return [reɪt əv rɪˈtɜːn]	Rendite
return on investment (ROI) [rɪˈtɜːn ɒn ɪnˈvestmənt]	Kapitalrendite
yield [jiːld]	Ertrag, Rendite, hervorbringen, abwerfen
This investment offers a high yield.	Diese Investition bietet eine hohe Rendite.
average yield [ˈævərɪdz jiːld]	Durchschnittsertrag
yield curve [ˈjiːld kɜːv]	Renditekurve
venture [ˈventʃə]	Projekt, Wagnis
venture capital [ˈventʃə ˈkæpɪtəl]	Venture-Kapital, Risikokapital
assets *pl* [ˈæsets]	Aktivvermögen, Aktiva
liabilities *pl* [laɪəˈbɪlɪtɪz]	Verbindlichkeiten, Passiva
assets and liabilities *pl* [ˈæsets ənd laɪəˈbɪlɪtɪz]	Aktiva und Passiva, Vermögenswerte
solvency [ˈsɒlvənsɪ]	Zahlungsfähigkeit
solvent [ˈsɒlvənt]	zahlungsfähig, solvent
insolvency [ɪnˈsɒlvənsɪ]	Zahlungsunfähigkeit
insolvent [ɪnˈsɒlvənt]	zahlungsunfähig
become insolvent [bɪˈkʌm ɪnˈsɒlvənt]	zahlungsunfähig werden

3. Darlehen

loan [ləʊn]	Darlehen, Anleihe, Kredit, verleihen
personal loan [ˈpɜːsənl ləʊn]	Privatkredit, persönliches Darlehen
He took out a personal loan to buy a car.	Er hat einen Privatkredit aufgenommen, um ein Auto zu kaufen.
building loan [ˈbɪldɪŋ ləʊn]	Baukredit
apply for a loan [əˈplaɪ fər ə ləʊn]	ein Darlehen beantragen

take out [teɪk ˈaʊt]	(einen Vertrag) abschließen
pay off [peɪ ˈɒf]	(sich) auszahlen, abbezahlen
repay [riːˈpeɪ]	abzahlen, erstatten
You are requested to repay the loan within one month.	Sie müssen das Darlehen innerhalb von einem Monat abzahlen.
repayment [riːˈpeɪmənt]	Rückzahlung, Abzahlung
credit [ˈkredɪt]	Kredit
overdraft credit [ˈəʊvədrɑːft ˈkredɪt]	Überziehungskredit
unsecured credit [ʌnsəˈkjʊəd ˈkredɪt]	Blankokredit, ungedeckter Kredit
credit balance [ˈkredɪt ˈbæləns]	Guthaben, Aktivsaldo
creditor [ˈkredɪtə]	Gläubiger(in)
lender [ˈlendə]	Darlehensgeber(in)
borrower [ˈbɒrəʊə]	Kreditnehmer(in)
Borrowers are hit hard by interest rate rises.	Kreditnehmer werden durch Zinssatzerhöhungen schwer getroffen.

INFOKASTEN

To lend wird oft mit *to borrow* verwechselt. Wenn man jemandem etwas leiht (z.B. Geld), verwendet man *to lend. He lent me £100.* Er lieh mir £100. Wird etwas (aus)geliehen oder (aus)geborgt, verwendet man *to borrow. I borrowed money from the bank.* Ich habe Geld von der Bank geliehen.

borrowing limit [ˈbɒrəʊɪŋ ˈlɪmɪt]	Kreditlimit, Kreditrahmen
guarantee [gærənˈtiː]	Bürgschaft, Sicherheit, garantieren, gewährleisten, bürgen für
guarantee of a bill [gærənˈtiː əv ə bɪl]	Aval, Bürgschaft
security [sɪˈkjʊərətɪ]	Bürgschaft, Kaution, Sicherheit
rating [ˈreɪtɪŋ]	Einschätzung, Beurteilung der Bonität
credit rating [ˈkredɪt ˈreɪtɪŋ]	Kreditwürdigkeit
mortgage [ˈmɔːgɪdʒ]	Hypothek
take out a mortgage [teɪk aʊt ə ˈmɔːgɪdʒ]	eine Hypothek aufnehmen
indebtedness [ɪnˈdetɪdnɪs]	Schuldenlast, Verschuldung

4. Währungen und Wechselkurse

currency [ˈkʌrənsɪ]	Währung
In what currency should I pay you?	In welcher Währung soll ich Sie bezahlen?
unified currency [ˈjuːnɪfaɪd ˈkʌrənsɪ]	Einheitswährung
hard currency [hɑːd ˈkʌrənsɪ]	harte Währung
soft currency [sɒft ˈkʌrənsɪ]	weiche Währung
gold currency [gəʊld ˈkʌrənsɪ]	Goldwährung
key currency [kiː ˈkʌrensɪ]	Leitwährung
foreign currency account [ˈfɒrən ˈkʌrənsɪ əˈkaʊnt]	Devisenkonto
coin [kɔɪn]	Münze

INFOKASTEN

Münzen in Großbritannien nennt man *penny/pence* (z.B. *a ten-pence coin*). Die Werte sind 1p, 2p, 5p, 10p, 20p und 50p. Es gibt auch eine Ein-Pfund- und eine Zwei-Pfund-Münze. In den USA ist ein Dollar in *cents* unterteilt.
Ein Pfund nennt man in der Umgangssprache ein *quid* (BE) und einen Dollar ein *buck* (AE). Kommt jemand ganz einfach und schnell zu Geld, sagt man *to make a fast/quick/easy buck.*

banknote [ˈbæŋknəʊt]	Schein
change [tʃeɪndʒ]	Wechselgeld
cash [kæʃ]	Bargeld
exchange [ɪksˈtʃeɪndʒ]	Tausch, Devisen, tauschen, wechseln
rate of exchange [reɪt əv ɪksˈtʃeɪndʒ]	Wechselkurs, Devisenkurs
Exporters benefit from a low exchange rate.	Exporteure profitieren von einem niedrigen Wechselkurs.
foreign exchange [ˈfɒrən ɪksˈtʃeɪndʒ]	Devisen
Foreign exchange reserves can be used to stabilize a currency.	Devisenreserven können dazu verwendet werden, eine Währung zu stabilisieren.
exchange dealings *pl* [ɪksˈtʃeɪndʒ ˈdiːlɪŋz]	Devisenhandel

floating exchange rate [ˈfləʊtɪŋ ɪksˈtʃeɪndʒ reɪt] — Wechselkursfreigabe
fluctuation [flʌktjʊˈeɪʃən] — Schwankung, Fluktuation
revaluation [riːvæljʊˈeɪʃən] — Aufwertung, Neubewertung
rate [reɪt] — Satz, Tarif, Kurs
regulate [ˈregjʊleɪt] — regulieren, regeln

5. Steuern

tax [tæks], **taxes** [ˈtæksɪz] *pl* — Steuer, Abgabe, besteuern
taxable [ˈtæksəbl] — steuerpflichtig
income tax [ˈɪnkʌm tæks] — Einkommenssteuer
turnover tax [ˈtɜːnəʊvə tæks] — Umsatzsteuer
value added tax (VAT) *BE* [ˈvæljuː ˈædɪd tæks] — Mehrwertsteuer (MwSt.)
How much do we have to pay in VAT? — Wie viel Mehrwertsteuer müssen wir bezahlen?
sales tax *AE* [seɪlz tæks] — Mehrwertsteuer (MwSt.)
capital gains tax (CGT) [ˈkæpɪtəl ˈgeɪnz tæks] — Kapitalertragssteuer
inheritance tax [ɪnˈherɪtəns tæks] — Erbschaftssteuer
corporation tax [kɔːrpəˈreɪʃən tæks] — Körperschaftssteuer
pre-tax [ˈpriːtæks] — brutto, vor Abzug der Steuern
Pre-tax earnings rose ten per cent last year. — Das Vorsteuerergebnis hat sich letztes Jahr um zehn Prozent erhöht.
zero-rated [zɪərəʊˈreɪtɪd] — mehrwertsteuerfrei
percentage [pəˈsentɪdʒ] — Prozentsatz
levy [ˈlevɪ] — Steuer, Abgaben, erheben
taxation [tækˈseɪʃən] — Besteuerung
tax adviser [tæks ədˈvaɪzə] — Steuerberater(in)
tax exemption [tæks ɪgˈzempʃən] — Steuerbefreiung
tax evasion [tæks ɪˈveɪʒən] — Steuerhinterziehung
tax return [tæks rɪˈtɜːn] — Steuererklärung
file a tax return [ˈfaɪl ə tæks rɪˈtɜːn] — eine Steuererklärung abgeben

6. Börse

stocks *pl* [stɒks]	Aktienkapital
stock exchange [stɒk ɪksˈtʃeɪndʒ]	Börse
stock market [stɒk ˈmɑːkɪt]	Börse
stock market crash [stɒk ˈmɑːkɪt kræʃ]	Börsenkrach, Börsencrash

INFOKASTEN

Die wichtigsten internationalen Börsenindizes sind:

Dow Jones Average (the Dow)	New York
NASDAQ	New York
FTSE [ˈfʊtsɪ]	London
Hang Seng	Hong Kong
Nikkei	Tokyo
DAX	Frankfurt/Main

In London nennt man das Finanzzentrum *The City* oder *The Square Mile*, in New York spricht man von der *Wall Street*.

stockbroker [ˈstɒkbrəʊkə]	Börsenmakler(in)
stockholder [ˈstɒkhəʊldə]	Aktionär(in)
share [ʃeə]	Anteil, Aktie
share capital [ʃeə ˈkæpɪtəl]	Aktienkapital
share price [ˈʃeə praɪs]	Aktienkurs
shareholder [ˈʃeəhəʊldə]	Aktionär(in), Anteilseigner(in)
investment fund [ɪnˈvestmənt fʌnd]	Investmentfonds
investment banking [ɪnˈvestmənt ˈbæŋkɪŋ]	Emissionsgeschäft, Investmentbanking
financial crisis [faɪˈnænʃl ˈkraɪsɪz]	Finanzkrise
dividend [ˈdɪvɪdənd]	Dividende
securities *pl* [sɪˈkjʊərətɪz]	Effekten, Wertpapiere, Bestände
bond [bɒnd]	Anleihe, Obligation, Rentenpapier
Bonds are usually considered to be a safe investment.	Festverzinsliche Wertpapiere gelten üblicherweise als eine sichere Investition.
bond market [bɒnd ˈmɑːkɪt]	Rentenmarkt, Anleihemarkt
bondholder [ˈbɒndhəʊldə]	Anleiheinhaber(in)

irredeemable bond [ɪrɪˈdiːməbl bɒnd]	unkündbare Schuldverschreibung, Dauerschuldverschreibung
mortgage bond [ˈmɔːgɪdʒ bɒnd]	(Hypotheken-)Pfandbrief
junk bond [ˈdʒʌŋk bɒnd]	Ramschanleihe, Risikopapier
pension fund [ˈpenʃən fʌnd]	Rentenfonds, Pensionskasse
government loan [ˈgʌvənmənt ləʊn]	Staatsanleihe
blue chips *pl* [ˈbluː tʃɪps]	erstklassige Aktien

INFOKASTEN

Mit *blue chips* meint man erstklassige Aktien von hochrenommierten Firmen, die als eine sichere Investition gelten. Solche Firmen werden z.B. beim FTSE Top 100 notiert.

futures *pl* [ˈfjuːtʃəz]	Termingeschäfte
futures market [ˈfjuːtʃəz ˈmɑːkɪt]	Terminbörse
buying price [ˈbaɪɪŋ praɪs]	Einkaufspreis (stock markets)
selling price [ˈselɪŋ praɪs]	Verkaufspreis
forward price [ˈfɔːwəd praɪs]	Terminkurs
closing price [ˈkləʊzɪŋ praɪs]	Schlusskurs
Today's closing price was down on yesterday's.	Der Schlusskurs von heute lag unter dem gestrigen.
option [ˈɒpʃən]	Option, Vorkaufsrecht
speculate [ˈspekjuleɪt]	spekulieren
depreciation [dɪpriːʃɪˈeɪʃən]	Wertminderung, Abschreibung
broker [ˈbrəʊkə]	Broker(in), Makler(in)
brokerage [ˈbrəʊkərɪdʒ]	Maklergebühr, Courtage
bearish [ˈbeərɪʃ]	zur Baisse tendierend, flau
The outlook for the stock market is bearish.	Die Börsenaussichten sind flau.
bull market [bʊl ˈmɑːkɪt]	Hausse
listing [ˈlɪstɪŋ]	Auflistung, Börsennotierung
market index [ˈmɑːkɪt ɪndeks]	Marktindex
market rate [ˈmɑːkɪt reɪt]	Marktkurs, Tageskurs
gain [geɪn]	Gewinn, Zuwachs, gewinnen, erwerben
insider trading [ˈɪnsaɪdə ˈtreɪdɪŋ]	Insiderhandel

1. Bilanz

budget ['bʌdʒɪt]	Etat, Budget
balance ['bæləns]	Bilanz, bilanzieren
balance sheet ['bæləns ʃiːt]	Bilanz, Handelsbilanz

INFOKASTEN

Ein *balance sheet* zeigt alle Einzahlungen und Auszahlungen einer Firma und die Differenz zwischen beiden Summen. Die Firma kann diese Bilanz bei Kreditanträgen der Bank vorlegen.

balance an account ['bæləns ən ə'kaʊnt]	ein Konto ausgleichen
spreadsheet ['spredʃiːt]	Tabellenkalkulation
tabulate ['tæbjʊleɪt]	tabellarisch darstellen
Can you tabulate these figures, please?	Können Sie bitte diese Zahlen tabellarisieren?
balance sheet account ['bæləns ʃiːt ə'kaʊnt]	Bilanzkonto
balance sheet analysis ['bæləns ʃiːt ə'næləsɪs]	Bilanzanalyse
healthy balance sheet ['helθɪ 'bæləns ʃiːt]	eine gesunde Bilanz
The firm presented a healthy balance sheet at the annual general meeting.	Die Firma stellte bei der Jahreshauptversammlung eine gesunde Bilanz vor.
monthly balance sheet ['mʌnθlɪ 'bæləns ʃiːt]	monatliche Bilanz
consolidated balance sheet [kən'sɒlɪdeɪtəd 'bæləns ʃiːt]	konsolidierte Bilanz, Konzernbilanz
interim ['ɪntərɪm]	vorläufig, Interims…, Zwischenzeit
interim balance sheet ['ɪntərɪm 'bæləns ʃiːt]	Zwischenbilanz
credit balance ['kredɪt 'bæləns]	Habensaldo
debit balance ['debɪt 'bæləns]	Sollsaldo

The customer's account shows a debit balance of €5000.	Das Kundenkonto zeigt einen Sollsaldo von € 5000.
opening balance sheet ['əupənɪŋ 'bæləns ʃiːt]	Eröffnungsbilanz
financial accounting [faɪ'nænʃəl ə'kauntɪŋ]	Finanzbuchhaltung
financial statement [faɪ'nænʃəl 'steɪtmənt]	Bilanz, Liquiditätsbilanz
financial year [faɪ'nænʃəl jɪə]	Geschäftsjahr, Rechnungsjahr

2. Buchhaltung

bookkeeping ['bʊkkiːpɪŋ]	Buchführung, Buchhaltung
A sole trader has to do all his own bookkeeping.	Ein Alleininhaber muss die Buchführung eigenständig führen.
bookkeeper ['bʊkkiːpə]	Buchhalter(in)
book [bʊk]	buchen
accounting [ə'kauntɪŋ]	Buchführung, Buchhaltung
accounting period [ə'kauntɪŋ 'pɪərɪəd]	Bilanzzeitraum, Abrechnungszeitraum
accounting records *pl* [ə'kauntɪŋ 'rekɔːds]	Geschäftsbücher, Bilanzunterlagen
accounts *pl* [ə'kaunts]	Geschäftsbücher, Konten, Rechnungen
We keep our accounts in good order.	Wir führen unsere Geschäftsbücher ordnungsgemäß.
accounts payable *pl* [ə'kaunts 'peɪəbl]	Verbindlichkeiten, Kreditoren
payable ['peɪəbl]	zahlbar, fällig
accounts receivable *pl* [ə'kaunts rɪ'siːvəbl]	Außenstände, Debitoren
annual accounts *pl* ['ænjuəl ə'kaunts]	Jahresabschluss
accountancy [ə'kauntənsɪ]	Buchführung, Rechnungswesen
I study accountancy.	Ich studiere Rechnungswesen.
accountant [ə'kauntənt]	(Bilanz-)Buchhalter(in)
cost accounting [kɒst ə'kauntɪŋ]	Kostenrechnung

keep the accounts [kiːp ðiː əˈkaʊnts]	die Buchhaltung führen
double-entry bookkeeping [ˈdʌblentrɪ ˈbʊkkiːpɪŋ]	doppelte Buchführung
audit [ˈɔːdɪt]	Buchprüfung, Revision, prüfen
Our accounts are being audited next week.	Nächste Woche werden unsere Geschäftsbücher geprüft.
auditor [ˈɔːdɪtə]	Wirtschaftsprüfer(in)
auditing [ˈɔːdɪtɪŋ]	Wirtschaftsprüfung
internal [ɪnˈtɜːnəl]	intern, Innen…
internal audit [ɪnˈtɜːnəl ˈɔːdɪt]	interne Revision
external [ɪksˈtɜːnəl]	extern, Außen…
value [ˈvæljuː]	Wert, schätzen, bewerten
valuation [væljuːˈeɪʃən]	Schätzung, Bewertung, Schätzwert
item [ˈaɪtəm]	Posten
Did you check all items?	Haben Sie alle Posten geprüft?
entry [ˈentrɪ]	Buchung
break down [breɪk ˈdaʊn]	aufschlüsseln
calculate [ˈkælkjuleɪt]	berechnen, ausrechnen
check [tʃek]	prüfen, kontrollieren
cost [kɒst]	Kosten, Preis, etwas kosten
incur costs [ɪnˈkɜː kɒsts]	Kosten verursachen
The machinery breakdown incurred unexpected costs.	Durch die Betriebsstörung wurden unerwartete Kosten verursacht.
fixed costs *pl* [ˈfɪkst kɒsts]	Fixkosten

INFOKASTEN

Fixed costs sind die allgemeinen Unkosten, die in einem Betrieb anfallen, wie z.B. *rent* (Miete), *heating* (Heizkosten), *electricity* (Strom).

labour costs *pl* [ˈleɪbə kɒsts]	Lohnkosten
Labour costs are an important factor.	Die Lohnkosten sind ein wichtiger Faktor.
production costs *pl* [prəˈdʌkʃən kɒsts]	Herstellungskosten
additional [əˈdɪʃənəl]	zusätzlich

additional costs *pl* [ə'dɪʃənəl kɒsts]	Zusatzkosten
We will cover any additional costs for transport of the goods.	Wir werden alle Zusatzkosten für den Warentransport übernehmen.
actual costs *pl* ['æktuəl kɒsts]	Ist-Kosten
ancillary costs *pl* [æn'sɪlərɪ kɒsts]	Nebenkosten
budgeted costs *pl* ['bʌdʒɪtəd kɒsts]	Sollkosten
operating costs *pl* ['ɒpəreɪtɪŋ kɒsts]	Betriebskosten
overhead costs *pl* ['əʊvəhed kɒsts]	allgemeine Unkosten, laufende Geschäftskosten
variable costs *pl* ['veərɪəbl kɒsts]	variable Kosten
cost advantage [kɒst əd'vɑːntɪdʒ]	Kostenvorteil
cost centre [kɒst 'sentə]	Kostenstelle
cost-effective [kɒstɪ'fektɪv]	rentabel, kostengünstig
cover costs ['kʌvə kɒsts]	die Kosten decken
cost per unit [kɒst pɜː 'juːnɪt]	Stückkosten
cost analysis [kɒst ə'næləsɪs]	Kostenanalyse
cost savings *pl* [kɒst 'seɪvɪŋz]	Kostenersparnisse
cost price [kɒst praɪs]	Selbstkostenpreis
historical costing [hɪ'stɒrɪkəl 'kɒstɪŋ]	Nachkalkulation
marginal costing ['mɑːdʒɪnl 'kɒstɪŋ]	Grenzkostenrechnung
outlay ['aʊtleɪ]	Ausgaben, Aufwendungen
The outlay for this project will be great.	Die Aufwendungen für dieses Projekt werden hoch sein.
spending ['spendɪŋ]	Ausgaben
expenditure [ɪk'spendɪtʃə]	Ausgaben, Aufwand
expenses *pl* [ɪk'spensɪz]	Ausgaben, Spesen
statement of expenses ['steɪtmənt əv ɪk'spensəz]	Spesenabrechnung
incur [ɪn'kɜː]	erleiden, machen
We have incurred a loss on our investments.	Wir haben bei unseren Investitionen einen Verlust erlitten.

incur expenses [ɪnˈkɜː ɪkˈspensəz]	Unkosten haben

INFOKASTEN

Häufige Verwendungen von *incur* sind z.B. *to incur debts* (Schulden machen), *to incur losses* (Verluste erleiden), *to incur risks* (Risiken eingehen), *to incur charges* (Gebühren zahlen müssen).
Achtung: Verwechseln Sie *to incur* jedoch nicht mit *to occur* (sich ereignen, vorkommen), z.B. *an error has occurred* (ein Fehler ist aufgetreten).

expense account [ɪkˈspens əˈkaʊnt]	Spesenkonto
travel expenses *pl* [ˈtrævl ɪkˈspensəz]	Reisekosten, Reisespesen
You can reclaim your travelling expenses.	Sie können Ihre Reisekosten zurückfordern.
accruals *pl* [əˈkruːəls]	Rückstellungen, Abgrenzungsposten
occur [əˈkɜː]	vorkommen, auftreten
lack [læk]	Mangel, Fehlen, mangeln, fehlen
allow [əˈlaʊ]	erlauben, gewähren
allowance [əˈlaʊəns]	Freibetrag, Spesen, Entschädigung
handling [ˈhændlɪŋ]	Bearbeitung, Handhabung

3. Rechnungen

invoice [ˈɪnvɔɪs]	Rechnung, in Rechnung stellen

INFOKASTEN

Eine Rechnung *(invoice)* weist nicht nur den Preis der Waren aus, sondern enthält auch wichtige Einzelheiten des Verkaufsvertrags, z.B.:

means of transport	Transportweg
country of destination	Bestimmungsland
country of origin	Ursprungsland
forwarder	Spediteur
terms of delivery and payment	Liefer- und Zahlungsbedingungen

invoicing [ˈɪnvɔɪsɪŋ] — Rechnungsstellung, Fakturierung
final invoice [faɪnəl ˈɪnvɔɪs] — Endrechnung
pro-forma invoice [ˈprəʊfɔːmə ˈɪnvɔɪs] — Pro-forma-Rechnung
A pro-forma invoice can serve as a quotation for the goods. — Eine Proformarechnung kann als Preisangebot dienen.
invoice item [ˈɪnvɔɪs ˈaɪtəm] — Rechnungsposten
sum [sʌm] — Summe, Betrag
sum total [sʌm ˈtəʊtl] — Gesamtbetrag
amount [əˈmaʊnt] — Betrag, Menge
invoice date [ˈɪnvɔɪs deɪt] — Rechnungsdatum
invoice number [ˈɪnvɔɪs ˈnʌmbə] — Rechnungsnummer
invoice amount [ˈɪnvɔɪs əˈmaʊnt] — Rechnungsbetrag
check the invoice [tʃek ðiː ˈɪnvɔɪs] — eine Rechnung überprüfen
invoice error [ˈɪnvɔɪs ˈerə] — Rechnungsfehler
pay an invoice [peɪ ən ˈɪnvɔɪs] — eine Rechnung begleichen
payment [ˈpeɪmənt] — Zahlung
undercharge [ʌndəˈtʃɑːdʒ] — zu wenig berechnen
overcharge [əʊvəˈtʃɑːdʒ] — zu viel berechen
We have been overcharged by €300. — Uns wurden € 300 zu viel berechnet.
amend an invoice [əˈmend ən ˈɪnvɔɪs] — eine Rechnung berichtigen
verify [ˈverɪfaɪ] — (nach)prüfen, belegen
verification [verɪfɪˈkeɪʃən] — Überprüfung, Kontrolle, Nachweis
issue [ˈɪʃuː] — ausgeben, veröffentlichen, ausstellen
The board issued its strategic report today. — Heute hat der Vorstand seinen strategischen Bericht veröffentlicht.
issue an invoice [ˈɪʃuː ən ˈɪnvɔɪs] — eine Rechnung erstellen
date of issue [deɪt əv ˈɪʃuː] — Ausstellungsdatum, Ausgabetag
bill [bɪl] — Rechnung, in Rechnung stellen
remittance advice [rɪˈmɪtns ˈədvaɪs] — Überweisungsbescheid
unpaid [ʌnˈpeɪd] — unbezahlt
outstanding [aʊtˈstændɪŋ] — ausstehend, unbezahlt
outstanding debts *pl* [aʊtˈstændɪŋ dets] — Außenstände

owe [əʊ]	schulden
We still owe the bank one hundred pounds.	Wir schulden der Bank noch hundert Pfund.
receipt [rɪˈsiːt]	Quittung, Beleg

4. Umsatz

turnover [ˈtɜːnəʊvə]	Umsatz, Fluktuation
Our turnover increased threefold last year.	Unser Umsatz hat sich letztes Jahr verdreifacht.
make a turnover [meɪk ə ˈtɜːnəʊvə]	Umsatz machen
annual turnover [ˈænjuəl ˈtɜːnəʊvə]	Jahresumsatz
turnover forecast [ˈtɜːnəʊvə ˈfɔːkɑːst]	Umsatzprognose
turnover increase [ˈtɜːnəʊvə ˈɪŋkriːs]	Umsatzanstieg
The turnover increase has been achieved by streamlining production and through cost-cutting.	Der Umsatzanstieg wurde durch eine Rationalisierung der Produktion und durch Kostenersparnisse erreicht.
increase in turnover [ˈɪŋkriːs ɪn ˈtɜːnəʊvə]	Umsatzanstieg
surplus [ˈsɜːpləs]	Überschuss, überschüssig
decrease in turnover [ˈdɪkriːs ɪn ˈtɜːnəʊvə]	Umsatzrückgang
annual surplus [ˈænjuəl ˈsɜːpləs]	Jahresüberschuss
The annual surplus will be invested in capital goods.	Der Jahresüberschuss wird in Investitionsgüter investiert.
deficit [ˈdefɪsɪt]	Defizit
acquire [əˈkwaɪə]	erwerben, erlangen
acquisition [ækwɪˈzɪʃən]	Erwerb, Ankauf
excess [ɪkˈses]	Überschuss
year-on-year [jɪəɒnˈjɪə]	im Jahresvergleich, gegenüber dem Vorjahr
year of assessment [jɪə əv əˈsesmənt]	Steuerjahr

5. Gewinn und Verlust

profit [ˈprɒfɪt]	Gewinn, Profit, profitieren, Gewinn ziehen
We are hoping to profit from the increase in demand.	Wir hoffen, dass wir von der Nachfragesteigerung profitieren.
make a profit [meɪk ə ˈprɒfɪt]	Gewinn machen
profitable [ˈprɒfɪtəbl]	rentabel, gewinnbringend
remunerative [rɪˈmjuːnərətɪv]	einträglich, lukrativ
profitability [prɒfɪtəˈbɪlətɪ]	Rentabilität, Ertragskraft
net profit [net ˈprɒfɪt]	Nettogewinn
gross profit [grəʊs ˈprɒfɪt]	Bruttogewinn
pre-tax profit [ˈpriːtæks ˈprɒfɪt]	Gewinn vor Steuern
after-tax profit [ˈɑːftətæks ˈprɒfɪt]	Gewinn nach Steuern
profit margin [ˈprɒfɪt ˈmɑːdʒɪn]	Gewinnspanne
Our profit margins are healthy.	Unsere Gewinnspannen sind gut.
margin [ˈmɑːdʒɪn]	Spanne, Marge, Grenze
We enjoy high margins thanks to efficient operating processes.	Wir haben große Margen dank effizienter Betriebsprozesse.
margin of error [mɑːdʒɪn əv ˈerə]	Fehlerspielraum
revenue [ˈrevənjuː]	Ertrag, Einkommen
marginal renevue [ˈmɑːdʒɪnl ˈrevənjuː]	Grenzertrag
marginal value [ˈmɑːdʒɪnl ˈvæljuː]	Marginalwert
operating margin [ˈɒpəreɪtɪŋ ˈmɑːdʒɪn]	Handelsspanne, Gewinnspanne
income [ˈɪnkʌm]	Einkünfte, Einkommen
proceeds *pl* [ˈprəʊsiːdz]	Erlös, Ertrag
All proceeds from the event will go to charity.	Der komplette Erlös der Veranstaltung wird Wohltätigkeitsorganisationen gespendet.
earnings *pl* [ˈɜːnɪŋz]	Einkommen, Ertrag
receipts *pl* [rɪˈsiːts]	Einnahmen
gross receipts *pl* [grəʊs rɪˈsiːts]	Bruttoeinnahmen
yield [jiːld]	Ertrag
equity [ˈekwɪtɪ]	Eigenkapital
retain [rɪˈteɪn]	behalten, beibehalten

loss [lɒs]	Damnum, Verlust
lose [luːz]	verlieren
make a loss [meɪk ə ˈlɒs]	Verlust machen
severe losses *pl* [sɪˈvɪə ˈlɒsəs]	starke Verluste
profit and loss [ˈprɒfɪt ənd lɒs]	Gewinn und Verlust
profit and loss account [ˈprɒfɪt ənd lɒs əˈkaʊnt]	Ertragsrechnung
The profit and loss account shows a trading profit of $1.5 million.	Die Ertragsrechnung weist einen Geschäftsgewinn von 1,5 Mio. $ aus.
ratio [ˈreɪʃɪəʊ]	Verhältnis, Quote
exceed [ɪkˈsiːd]	übertreffen
evaluate [ɪˈvæljʊeɪt]	(ab)schätzen, bewerten
The costs and benefits must be evaluated.	Kosten und Nutzen müssen abgeschätzt werden.
profit mark-up [ˈprɒfɪt ˈmɑːkʌp]	Gewinnaufschlag
write off [raɪt ˈɒf]	vollständig abschreiben
We have written off a large amount of debt.	Wir haben viele Schulden abgeschrieben.
write-off [ˈraɪtɒf]	vollständige Abschreibung
special write-off [ˈspeʃl ˈraɪtɒf]	Sonderabschreibung
set-off [ˈsetɒf]	Aufrechnung
lossmaker [ˈlɒsmeɪkə]	Verlustgeschäft

INFOKASTEN

Lossmaker (Verlustgeschäft) darf nicht mit *loss leader* verwechselt werden. *Loss leader* (Lockvogelangebot) nennt man ein Produkt, das zu einem Schnäppchenpreis verkauft wird, um die Kunden ins Geschäft zu locken.

recoverable [rɪˈkʌvərəbl]	ersetzbar (Verluste), eintreibbar (Schulden)

INFOKASTEN

Außer den regulären *public holidays* (Feiertage) wie *Christmas*, *New Year* und *Easter* (Weihnachten, Neujahr und Ostern), gibt es auch in Großbritannien sogenannte *Bank Holidays* (öffentliche Feiertage): *May Day Bank Holiday* am 1. Mai, *Spring Bank Holiday* Ende Mai und *Summer Bank Holiday* im August.

weight [weɪt]	Gewicht
ton [tʌn]	Tonne
kilogramme ['kɪləʊgræm]	Kilogramm
pound [paʊnd]	Pfund
gramme [græm]	Gramm
meter ['mi:tə]	Maß, Zähler
litre ['li:tə]	Liter
pint [paɪnt]	Pint
gallon ['gælən]	Gallone
kilometre ['kɪləʊmi:tə]	Kilometer
metre ['mi:tə]	Meter
centimetre ['sentɪmi:tə]	Zentimeter
millimetre ['mɪlɪmi:tə]	Millimeter

INFOKASTEN

Wenn es sich um das Längenmaß Meter handelt, schreibt man im britischen Englisch *metre* und im amerikanischen Englisch *meter.* Wenn es sich aber um einen Zähler (z.B. Gas- oder Wasserzähler, Parkuhr) handelt, schreibt man immer *meter.* Übrigens: Eine Politesse ist *a meter maid.*

mile [maɪl]	Meile
yard [jɑ:d]	Yard
inch [ɪntʃ]	Zoll
foot [fʊt]	Fuß

INFOKASTEN

Obwohl in Großbritannien seit 1996 auch das metrische System gilt, wird nach wie vor das auch in Amerika gebräuchliche imperiale Maßsystem verwendet. So rechnet man um:

1 Meile = 1,6 km	1 Fuß = 30,48 cm
1 Yard = 0,91 m	1 Zoll = 2,54 cm
1 Pint (UK) = 0,57 l	1 Gallone = 4,6 l

Die Körpergröße wird in England und den USA in *foot* und *inch* gemessen. Bsp.: *John is 6 foot 1.* John ist 1,85 m groß.

UNTERNEHMENSAUFBAU

Chairman and Managing Director
Aufsichtsratsvorsitzende(r)/Vorstandsvorsitzende(r)

- **Marketing Director**
  Direktor(in) der Marketingabteilung
  - **Sales Manager**
    Vertriebsleiter(in)
  - **Customer Services Manager**
    Leiter(in) der Kundendienstabteilung
- **Personnel Director**
  Leiter(in) der Personalabteilung
  - **Office Manager**
    Geschäftsstellenleiter(in)
- **Company Secretary**
  Geschäftsführer(in)
  - **Chief Accountant**
    Leiter(in) der Buchhaltung
- **Technical Director**
  Technische(r) Direktor(in)
  - **R&D Manager**
    Leiter(in) Forschung und Entwicklung
- **Production Director**
  Fertigungsleiter(in)
  - **Factory Manager**
    Werksleiter(in)

Die deutschen Übersetzungen sind nur ungefähre Entsprechungen und können je nach Unternehmen variieren.

UK/USA	Deutschland
joint-stock company, **public limited company (plc)** *BE* **open corporation, general corporation (Inc.)** *AE*	Aktiengesellschaft (AG)
registered company *BE* **incorporated company (Inc.)** *AE*	eingetragene Gesellschaft
sole proprietor(ship)	Einzelunternehmung
non-profit(-making) organization	gemeinnützige Gesellschaft
civil-law company	Gesellschaft des bürgerlichen Rechts (GbR)
(private) limited company (Ltd.) *BE* **close(d) corporation,** **limited liability company (LLC)** *AE*	Gesellschaft mit beschränkter Haftung (GmbH)
joint-stock company *BE* **corporation** *AE*	Kapitalgesellschaft
limited partnership	Kommanditgesellschaft (KG)
general partnership *BE* **ordinary partnership** *AE*	Offene Handelsgesellschaft (OHG)
partnership	Personengesellschaft

„FALSCHE FREUNDE“

Es gibt einige Wörter, die im Englischen und Deutschen ähnlich aussehen, aber eine ganz andere Bedeutung haben. Man nennt sie *false friends* (falsche Freunde). Auf einige wurde in den Infokästen schon hingewiesen.
Hier noch weitere Beispiele:

actually	≠	aktuell
actually	=	tatsächlich
aktuell	=	**current**
become	≠	bekommen
become	=	werden
bekommen	=	**get**
branch	≠	Branche
branch	=	Filiale, Zweigstelle
sector	=	**Branche**
chef	≠	Chef
chef	=	Koch
Chef	=	**boss, leader**
eventually	≠	eventuell
eventually	=	schließlich, endlich
eventuell	=	**possible, perhaps**
fabric	≠	Fabrik
fabric	=	Stoff, Textil
Fabrik	=	**factory**
familiar	≠	familiär
familiar	=	bekannt, vertraut
familiär	=	**personal, informal**
formula	≠	Formular
formula	=	Formel
Formular	=	**form**

handy	≠	Handy
handy	=	handlich
Handy	=	**mobile, cell phone**
local	≠	Lokal
local	=	örtlich, lokal
Lokal	=	**pub, bar**
map	≠	Mappe
map	=	Stadtplan, Karte
Mappe	=	**folder**
personal	≠	Personal
personal	=	persönlich, privat
Personal	=	**personnel**
prospect	≠	Prospekt
prospect	=	Aussicht
Prospekt	=	**brochure, leaflet**
rent	≠	Rente
rent	=	Miete
Rente	=	**pension**
spend	≠	spenden
spend	=	ausgeben, verbringen
spenden	=	**donate, give**
warehouse	≠	Warenhaus
warehouse	=	Lager
Warenhaus	=	**department store**

Übung 1: Finden Sie 10 Finanzbegriffe!

K	A	C	C	O	U	N	T	G	R	L
S	S	R	E	A	C	S	H	A	E	I
E	S	I	F	S	A	T	M	L	U	A
R	E	U	D	E	P	O	S	I	T	B
S	T	K	A	V	I	R	O	Q	S	I
H	S	R	A	L	T	W	A	U	E	L
A	U	W	S	U	A	F	W	I	R	I
R	S	E	B	M	L	O	P	D	I	T
E	F	Q	O	W	N	L	O	I	D	I
C	F	U	N	D	I	N	G	T	P	E
I	N	T	E	R	E	S	T	Y	E	S

Übung 2: Bilden Sie zusammengesetzte Begriffe!

1. ☐ managing	a) forecast
2. ☐ cost	b) debts
3. ☐ outstanding	c) audit
4. ☐ turnover	d) advantage
5. ☐ operating	e) director
6. ☐ gross	f) number
7. ☐ internal	g) margin
8. ☐ foreign	h) receipts
9. ☐ invoice	i) exchange

Übung 3: Übersetzen Sie und finden Sie das Lösungswort!

a) Habensaldo _ _ _ _ _ □ _ □ _ _ _ _ _ _ _

b) Kontoüberziehung □ _ _ _ _ _ _ _ _ _

c) Courtage _ _ _ □ _ _ _ _ _

d) Hypothek _ _ _ _ □ _ _ □

e) Steuerbefreiung _ _ _ _ _ _ _ □ _ _ _ _

f) Geschäftsjahr _ _ _ _ □ _ _ _ _ _ _ □ _ _

g) Verlustgeschäft _ □ _ _ _ _ □ _ _

Lösung: _ _ _ _ _ _ _ _ _ _ _ _ _

Übung 4: Unterstreichen Sie die richtige Variante!

a) The actual / current cost of the software was much higher than expected.

b) The steel industry is part of the primary branch / sector of industry.

c) Please fill in and sign this form / formula.

d) Oh no, I forgot the map / folder with the presentation!

e) Our profit margin / span has increased a lot since last year so that we have achieved a overcharge / surplus.

f) This venture investment has incurred / occurred significant losses.

g) The proceed / proceeds from the event will go to charity.

Übung 5: Enträtseln Sie den Buchstabensalat und ordnen Sie die Übersetzung richtig zu!

1. □ h t i w e g		a) Buchhalter
2. □ t o c u n a c n a t		b) Umsatz
3. □ t r e e m		c) Rückstellungen
4. □ d e c e e x		d) Zähler
5. □ o n v r e t r u		e) Gewicht
6. □ s a r c l a u c		f) übertreffen

Lösungen 1

Übung 1: a) to do business b) subsidiary c) entrepreneur d) chairwoman e) administration f) industrial site g) plant

Übung 2: a) board b) wholesaler c) industry d) partnership e) staff f) managing

Übung 3: a) are b) closely c) trades d) client e) do f) clerk g) spokesperson

Übung 4: 1. d 2. f 3. e 4. b 5. a 6. g 7. c

Übung 5: 1. f, chair 2. e, retailer 3. b, business 4. c, commerce 5. g, company 6. a, deputy 7. d, location

Übung 6: a) managerial b) parent company c) trade d) salesforce e) civil servant f) factory g) holding company

Lösungen 2

Übung 1: *horizontal:* printer, mouse, website, email, hardware, access, download, online
vertikal: software, update, file

Übung 2: a) envelopes b) program c) internship d) trainee e) wage f) freelancer g) skilled h) employer, employees

Übung 3: a) paper b) computer c) notepad d) calculator e) diary f) stapler
Lösung: pencil

Übung 4: a) process b) office c) operates d) job e) postage f) rise g) white-collar

Übung 5: a) floor b) office hours c) accountable to d) apprentice e) gross salary f) vacancy g) holepunch h) data protection

Lösungen 3

Übung 1: a) remark b) gather c) minutes d) adjourn e) approve f) delete g) spell

Übung 2: a) give b) cons c) return d) behalf e) regards f) regret g) hesitate h) take

Übung 3: 1. d 2. i 3. a 4. g 5. f 6. h 7. b 8. c 9. e

Übung 4: a) recipient b) confidential c) transparency d) incoming e) projector f) receive

Übung 5:

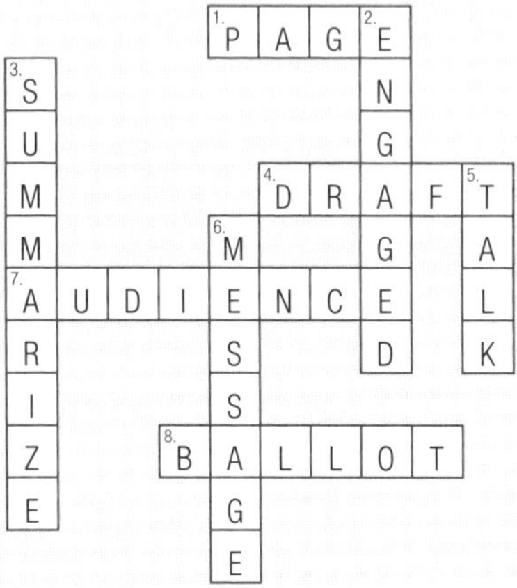

Lösungen 4

Übung 1: *horizontal:* service, lounge
vertikal: ensuite, bill, key, floor
diagonal: laundry, reception

Übung 2: a) to book b) turned down c) pleased d) business cards e) by f) charge g) is scheduled h) confirm

Übung 3: a) travel expenses b) reimburse c) arrival date d) train ticket e) accommodation f) fare g) connecting flight h) baggage claim

Übung 4: a) market b) surplus c) profitable d) industry e) economy
Lösung: trade

Übung 5: 1. c 2. f 3. e 4. a 5. b 6. d

Übung 6: a) cancellation b) departure c) reservation d) invitation e) growth f) decrease

Lösungen 5

Übung 1: *horizontal:* purchase, dealer, buyer, bargain, offer, market
vertikal: merchant, supplier, discount
diagonal: deposit

Übung 2: a) trade b) bulk c) streamline d) sampling e) efficiency f) utilize g) maintain h) order

Übung 3: a) key customers, called off b) grant c) advance d) invoice e) subject to f) quotation g) demand h) are launching

Übung 4: a) request b) apologize c) solution d) complaint e) compensate f) refund

Lösung: replace

Übung 5: a) performance b) service charge c) reliable d) automate

Lösungen 6

Übung 1: a) share b) gap c) survey d) advertising e) publicity f) freight g) liability h) customers

Übung 2:

F	A	I	R				
S	T	A	N	D			
R	E	N	T	A	L		
D	I	S	P	L	A	Y	
P	R	O	D	U	C	T	S

Lösung: trade

Übung 3: 1. c 2. d 3. e 4. b 5. f 6. a

Übung 4: a) protection b) claim c) random, spending d) competition e) brand, attracting

Übung 5: a) advertising b) questionnaire c) ex works d) exhibit e) giveaway f) consumption g) insurance cover

Lösung: promotion

Lösungen 7

Übung 1: *horizontal:* account, ATM, deposit, funding, interest

vertikal: share, assets, capital, liquidity, liabilities

Übung 2: 1. e 2. d 3. b 4. a 5. g 6. h 7. c 8. i 9. f

Übung 3: a) credit balance b) overdraft c) brokerage d) mortgage e) tax exemption f) financial year g) lossmaker

Lösung: bookkeeping

Übung 4: a) actual b) sector c) form d) folder e) margin, surplus f) incurred g) proceeds

Übung 5: 1. e, weight 2. a, accountant 3. d, meter 4. f, exceed 5. b, turnover 6. c, accruals